SOS 스페인어
말하기 첫걸음

왕초보 탈출
프 로 젝 트
3

S 시원스쿨닷컴

시원스쿨 SOS 스페인어 말하기 첫걸음

왕초보 탈출 프로젝트 3탄

초판 20쇄 발행 2020년 1월 30일
개정 6쇄 발행 2023년 10월 4일

지은이 권진영·시원스쿨스페인어연구소
펴낸곳 (주)에스제이더블유인터내셔널
펴낸이 양홍걸 이시원

홈페이지 www.siwonschool.com
주소 서울시 영등포구 국회대로74길 12 시원스쿨
교재 구입 문의 02)2014-8151
고객센터 02)6409-0878

ISBN 979-11-6150-319-6
Number 1-511104-17171706-02

SOS 스페인어
말하기 첫걸음

권진영·시원스쿨스페인어연구소 지음

왕초보 탈출
프 로 젝 트
3

S 시원스쿨닷컴

Contents

PARTE 01

나는 6시에 일어나. 재귀동사 - 스페인어의 독특한 구조 익히기

PARTE 02

창문을 닫지 마! 명령형 학습하기

PARTE 03

내가 좋아하는 여자애는 Yessi야. 관계대명사를 활용하여 문장 늘리기

PARTE 04

가장 중요한 것은 순간을 사는 거야. 'lo'의 활용 및 의견·생각 말하기

이 책의
구성 & 활용법

STEP 1 지난 시간 복습

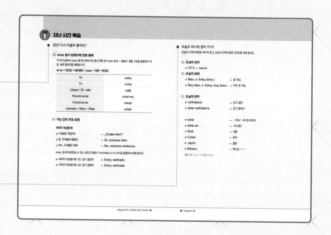

잠깐! 다시 떠올려 볼까요?

전 시간에 배운 내용을 복습하는 코너입니다. 꼭
필요한 내용과 주요 문장들을 확인하여 한 번 더
기억하도록 하세요.

오늘도 하나씩 쌓아 가기!

오늘의 표현과 단어를 살펴보면서 본 학습을 시작
하기 위해 준비하는 단계입니다. 이 코너를 통해
그날 학습할 내용을 미리 익혀 보세요.

STEP 2 오늘의 학습

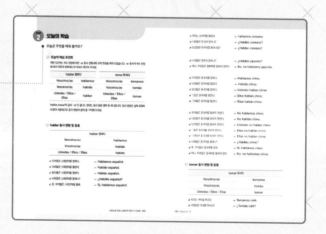

오늘은 무엇을 배워 볼까요?

핵심 내용을 학습합니다. 꼭 필요한 핵심 내용을
배운 후, 한국어 문장을 보고 스페인어로 말해 보
세요. 이 코너에서는 말을 하는 것이 포인트입니
다. '툭' 치면 바로 말이 튀어나올 때까지 큰 소리
로 연습해 보세요.

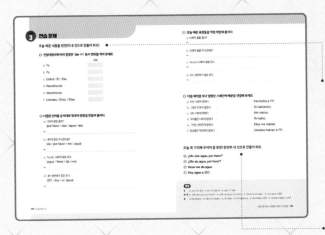

오늘 배운 내용을 완전히 내 것으로 만들어 봐요!

다양한 유형의 문제를 풀어 보면서 배운 내용을 점검할 수 있습니다. 틀린 문제를 중심으로 보완해야 할 점을 파악하여 완벽하게 스페인어를 마스터해 보세요.

오늘 꼭 기억해 두어야 할 문장!

Capítulo에서 배운 문장 중, 반드시 기억해야 할 문장들만 선별하였습니다. 문장을 보면서 그날 배운 내용을 상기하고, 핵심 내용을 머릿속으로 정리해 보세요.

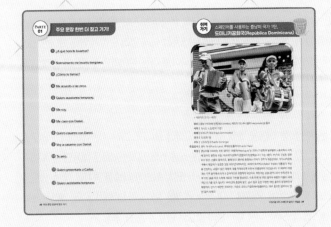

따라 써 보기, 어휘 체크

중간중간 등장하는 '따라 써 보기'와 '어휘 체크' 코너를 통해 본문에서 익혔던 문장과 어휘를 간단하게 확인해 보세요. 부담스럽지 않은 분량으로 짧고, 쉽게 체크할 수 있습니다.

주요 문장 한번 더 짚고 가기!

해당 PARTE에서 중점적으로 학습한 내용을 바탕으로 주요 문장을 선정하였습니다. 기억의 망각 곡선에 따라 학습 내용이 잊히지 않도록 주요 문장과 더불어 학습 내용을 반복 정리해 보세요.

쉬어 가기

스페인의 여러 가지 문화를 접할 수 있도록 축제, 국가, 관광지 등을 골자로 하여 소개하는 코너입니다. 정보와 재미를 동시에 챙겨 보세요.

SOS 스페인어 말하기 첫걸음
NEW 개정판 특징

얼마든지 독학이 가능한 교재!

혼자서도 충분히 스페인어를 정복할 수 있도록 학습 단어, 필수 팁, 연습 문제, 따라 쓰기, 주요 문장, 문화 코너 등 다양한 요소를 충실히 보강했습니다. 새로 배울 단어를 미리 보고, 꼭 필요한 팁을 통해 사소한 내용도 놓치지 않도록 보완했으며, 스페인과 관련된 여러 가지 읽을거리로 재미까지 잡았습니다. 또한 다양한 유형의 문제로 학습이 쓰기 연습과 어휘 체크는 물론, 더 필요한 부분을 정확하게 확인할 수 있도록 구성했습니다.

쉽고 체계적인 新 스페인어!

스페인어는 쉽고 재미있게 배워야 합니다. 그래야 끝까지 배울 수 있습니다. 기초를 어렵게 배우면 중도 포기하게 됩니다. 시원스쿨 스페인어는 관사부터 다루는 기존 스페인어 학습 방법을 완전히 뒤집어, 바로 말이 튀어나오는 쉽고 체계적인 커리큘럼을 구성했습니다. 시원스쿨이 여러분의 스페인어 학습에 날개를 달아 드리겠습니다.

꼭 필요한 핵심만 쏙쏙 골라서 바로 말이 된다!

학습할 내용이 많다고 스페인어를 말할 수 있을까요? 시원스쿨 스페인어는 문법 내용을 중구난방 늘어 놓지 않습니다. 여러분의 발목을 잡았던 복잡한 문법은 말끔히 잊고, 핵심만 딱 짚어서 말하기가 바로 되는 비법을 제시해 드리겠습니다.

한국어 : 스페인어 1:1 대응 학습법!

한국어만 알아도 스페인어를 배울 수 있도록 한국어와 스페인어를 1:1로 대응시켰습니다. 예를 들어, 성수 구분과 같은 어려운 내용을 쉽게 알려 드리기 위해 최대한 스페인어에 가깝게 한국어를 해석했습니다. 한국어를 아는 분이라면 누구든지 쉽게 스페인어를 배우실 수 있습니다.

콘텐츠의 탁월한 연계성!

배웠던 문장은 다음 내용을 배울 때 응용되어야 합니다. 그래야 반복이 되고 비로소 진짜 자신의 문장이 되기 때문입니다. 시원스쿨 스페인어는 새로운 내용만 쏟아 내기보다는 앞에서 배운 내용을 뒤에서 연결시키면서 복습과 학습을 동시에 할 수 있도록 고안되었습니다. 내용을 연계해 가며 핵심 원리를 끊임없이 반복함으로써, 별다른 노력 없이 자연스럽게 스페인어를 여러분의 것으로 만들 수 있습니다.

SOS 스페인어 말하기 첫걸음
학습 플랜

1개월 '초스피드' 학습 플랜

짧고 굵게 스페인어를 배우고 싶으신 분, 하루에 1시간~2시간을 투자하실 수 있는 분들을 위한 **1개월 단기 완성** 학습 플랜입니다.

월	화	수	목	금
준비 강의	PARTE 1 1, 2강	PARTE 1 3, 4강	PARTE 2 5, 6강	PARTE 2 7강
PARTE 3 8강	PARTE 3 9, 10강	PARTE 4 11강	PARTE 4 12, 13강	PARTE 5 14강
PARTE 5 15강	PARTE 6 16, 17강	PARTE 6 18, 19강	PARTE 6 20, 21강	PARTE 6 22강
PARTE 7 23, 24강	PARTE 7 25, 26강	PARTE 7 27강	PARTE 7 28강	PARTE 7 29강

2개월 '차근차근' 학습 플랜

차근차근 스페인어를 배우고 싶으신 분, 두 달 동안 꾸준히 시간을 투자하실 수 있는 분들을 위한 **2개월 완성** 학습 플랜입니다.

월	화	수	목	금
준비 강의(1)	준비 강의(2)	PARTE 1 1강	PARTE 1 2강	PARTE 1 3강
PARTE 1 4강	1~4강 복습	PARTE 2 5강	PARTE 2 6강	PARTE 2 7강
5~7강 복습	PARTE 3 8강	PARTE 3 9강	PARTE 3 10강	8~10강 복습
PARTE 4 11강	PARTE 4 12강	PARTE 4 13강	11~13강 복습	PARTE 5 14강

월	화	수	목	금
PARTE 5 15강	14~15강 복습	PARTE 6 16강	PARTE 6 17강	16~17강 복습
PARTE 6 18강	PARTE 6 19강	PARTE 6 20강	18~20강 복습	PARTE 6 21강
PARTE 6 22강	21~22강 복습	PARTE 7 23강	PARTE 7 24강	23~24강 복습
PARTE 7 25강	PARTE 7 26강	PARTE 7 27강	PARTE 7 28, 29강	25~29강 복습

3탄 준비 강의

안녕하세요, 여러분!

《SOS 스페인어 말하기 첫걸음 개정 3탄》에 오신 것을 환영합니다!
1탄과 2탄처럼 3탄을 본격적으로 학습하기에 앞서, 준비운동을 해 보겠습니다. 3탄 준비 강의에서는 2탄에서 배웠던 4가지 핵심 포인트를 복습하고, 형용사와 전치사의 쓰임을 학습해 보도록 합시다.

2탄에서 학습했던 핵심 포인트 4가지! '현재시제 불규칙 동사, 미래시제, 현재완료, gustar 동사의 활용'을 복습해 봅시다. 2탄을 통틀어 제일 중요한 내용들이므로, 얼마나 기억하고 있는지 확인해 보고 잊은 부분이 있다면 다시금 기억을 되살려 보세요.

❶ 현재시제 불규칙 동사

현재시제 불규칙 동사 형태는 크게 아래의 3가지로 나눌 수 있습니다.

> 1. 'e → ie'로 바뀌는 동사
> 2. 'o/u → ue'로 바뀌는 동사
> 3. 'e → i'로 바뀌는 동사

1. 'e → ie'로 바뀌는 동사

querer 원하다	
Yo	quiero
Tú	quieres
Usted / Él / Ella	quiere
Nosotros/as	queremos
Vosotros/as	queréis
Ustedes / Ellos / Ellas	quieren

✔ 나는 스페인에 가고 싶다.   ➡ Quiero ir a España.

✔ 나는 스페인을 여행하고 싶다.   ➡ Quiero viajar por España.

tener 가지고 있다	
Yo	tengo
Tú	tienes
Usted / Él / Ella	tiene
Nosotros/as	tenemos
Vosotros/as	tenéis
Ustedes / Ellos / Ellas	tienen

✔ 나는 스페인에 가야만 한다.   → Tengo que ir a España.

✔ 나는 스페인어를 공부해야만 한다.   → Tengo que estudiar español.

venir 오다	
Yo	vengo
Tú	vienes
Usted / Él / Ella	viene
Nosotros/as	venimos
Vosotros/as	venís
Ustedes / Ellos / Ellas	vienen

✔ 어디에서 너는 오는 거야?
  (어디에서 (너는) 오는 길이야?)   → ¿De dónde vienes?

✔ 나는 집에서 오는 길이야.   → Vengo de casa.

✔ 나는 마드리드에서 오는 길이야.   → Vengo de Madrid.

✔ 나는 바르셀로나에서 오는 길이야.   → Vengo de Barcelona.

2. 'o/u → ue'로 바뀌는 동사

poder ~할 수 있다	
Yo	puedo
Tú	puedes
Usted / Él / Ella	puede
Nosotros/as	podemos
Vosotros/as	podéis
Ustedes / Ellos / Ellas	pueden

✔ 나는 수영할 수 있다.   ➡ Puedo nadar.

✔ 나는 플라멩코를 출 수 있다.   ➡ Puedo bailar flamenco.

jugar 놀다 / 경기를 하다	
Yo	juego
Tú	juegas
Usted / Él / Ella	juega
Nosotros/as	jugamos
Vosotros/as	jugáis
Ustedes / Ellos / Ellas	juegan

✔ 나는 축구를 한다.   ➡ Juego al fútbol.

✔ 너는 축구를 할 수 있어?   ➡ ¿Puedes jugar al fútbol?

costar 값이 ~이다	
Yo	cuesto
Tú	cuestas

Usted / Él / Ella	cuesta
Nosotros/as	costamos
Vosotros/as	costáis
Ustedes / Ellos / Ellas	cuestan

✔ 이거 얼마예요?   → ¿Cuánto cuesta esto?

✔ 300유로예요.   → Cuesta trescientos euros.

3. 'e → i'로 바뀌는 동사

pedir 요구하다 / 주문하다	
Yo	pido
Tú	pides
Usted / Él / Ella	pide
Nosotros/as	pedimos
Vosotros/as	pedís
Ustedes / Ellos / Ellas	piden

✔ 내가 너에게 용서를 구할게.   → Te pido perdón.

✔ 너는 왕비야. 나의 모든 것이지.   → Eres mi reina. Eres mi todo.

✔ 그리고 나는 너를 사랑하기 때문에 여기에 있어.   → Y estoy aquí porque te amo.

TIP 'Te pido perdón'이라는 노래 가사 중 일부를 발췌하였습니다.

4. 그 외 불규칙 동사

dar 주다	
Yo	doy
Tú	das
Usted / Él / Ella	da

Nosotros/as	damos
Vosotros/as	dais
Ustedes / Ellos / Ellas	dan

✔ 나에게 물을 주시겠어요?   ➡ ¿Me da agua, por favor?

✔ 나에게 커피를 주시겠어요?   ➡ ¿Me da café, por favor?

saber (정보 · 지식 등을) 알다	
Yo	sé
Tú	sabes
Usted / Él / Ella	sabe
Nosotros/as	sabemos
Vosotros/as	sabéis
Ustedes / Ellos / Ellas	saben

✔ 화장실 어디에 있는지 알아?   ➡ ¿Sabes dónde está el baño?

✔ 지하철 어디에 있는지 알아?   ➡ ¿Sabes dónde está el metro?

✔ 박물관 어디에 있는지 알아?   ➡ ¿Sabes dónde está el museo?

✔ 몰라.   ➡ No sé.

salir 나가다 / 출발하다	
Yo	salgo
Tú	sales
Usted / Él / Ella	sale
Nosotros/as	salimos
Vosotros/as	salís
Ustedes / Ellos / Ellas	salen

✔ 기차는 몇 시에 출발하나요?   ➥ ¿A qué hora sale el tren?
✔ 기차는 2시에 출발합니다.   ➥ El tren sale a las dos.

hacer 하다 / 만들다	
Yo	hago
Tú	haces
Usted / Él / Ella	hace
Nosotros/as	hacemos
Vosotros/as	hacéis
Ustedes / Ellos / Ellas	hacen

✔ 나는 빵을 만든다.   ➥ Hago pan.
✔ 일요일마다 나는 요가를 한다.   ➥ Los domingos hago yoga.
                                             (= Hago yoga los domingos.)

ver 보다	
Yo	veo
Tú	ves
Usted / Él / Ella	ve
Nosotros/as	vemos
Vosotros/as	veis
Ustedes / Ellos / Ellas	ven

✔ 나는 집에서 축구를 본다.   ➥ Veo el fútbol en casa.
✔ Daniel은 TV를 본다.   ➥ Daniel ve la televisión.
                                             (= Daniel ve la tele.)

❷ 미래시제

미래시제는 미래에 일어날 일과 미래의 사건을 표현할 때 또는 추측을 나타낼 때 사용됩니다. 미래를 표현할 때에는 '~할 것이다, ~할 거야'로 해석되며, 추측을 나타낼 때에는 '~ 거야'로 해석되니 이를 염두에 두고 아래 내용을 살펴보도록 합시다.

1. 미래시제 규칙 동사

Yo		-é
Tú		-ás
Usted / Él / Ella	+ 동사 원형 (tomar, comer, ir…)	-á
Nosotros/as		-emos
Vosotros/as		-éis
Ustedes / Ellos / Ellas		-án

✔ 내일 나는 영화관에 갈 것이다.　　➡ Mañana iré al cine.

✔ 나는 스페인을 여행할 것이다.　　➡ Viajaré por España.

✔ 나는 축구를 할 것이다.　　➡ Jugaré al fútbol.

✔ 나는 축구를 볼 것이다.　　➡ Veré el fútbol.

✔ 나는 엘 끌라씨꼬를 볼 것이다.　　➡ Veré el Clásico.

✔ 나는 떼낄라를 마실 것이다.　　➡ Tomaré tequila.

✔ 나는 우유를 마실 것이다.　　➡ Tomaré leche.

✔ 나는 스페인어를 배울 것이다.　　➡ Aprenderé español.

✔ 나는 집에서 쉴 것이다.　　➡ Descansaré en casa.

2. 미래시제 불규칙 동사

poder → podr- 할 수 있다 → 할 수 있을 것이다	
Yo	podré
Tú	podrás

Usted / Él / Ella	podrá
Nosotros/as	podremos
Vosotros/as	podréis
Ustedes / Ellos / Ellas	podrán

- ✔ 너는 여행할 수 있을 것이다.   → Podrás viajar.
- ✔ 너는 쉴 수 있을 것이다.   → Podrás descansar.
- ✔ 너는 공부할 수 있을 것이다.   → Podrás estudiar.
- ✔ 너는 배울 수 있을 것이다.   → Podrás aprender.
- ✔ 너는 구입할 수 있을 것이다.   → Podrás comprar.

- ✔ 너는 자동차 한 대를 구입할 수 있을 것이다.   → Podrás comprar un coche.
- ✔ 너는 집 한 채를 구입할 수 있을 것이다.   → Podrás comprar una casa.
- ✔ 너는 장미 한 송이를 구입할 수 있을 것이다.   → Podrás comprar una rosa.
- ✔ 너는 콜롬비아를 여행할 수 있을 것이다.   → Podrás viajar por Colombia.

venir → vendr- 오다 → 올 것이다	
Yo	vendré
Tú	vendrás
Usted / Él / Ella	vendrá
Nosotros/as	vendremos
Vosotros/as	vendréis
Ustedes / Ellos / Ellas	vendrán

- ✔ 너는 언제 한국에 올 거야?   → ¿Cuándo vendrás a Corea?
- ✔ 너는 언제 스페인에 올 거야?   → ¿Cuándo vendrás a España?
- ✔ 내일 나는 갈 거야.   → Mañana iré.

salir → saldr- 나가다 → 나갈 것이다 / 출발하다 → 출발할 것이다	
Yo	saldré
Tú	saldrás
Usted / Él / Ella	saldrá
Nosotros/as	saldremos
Vosotros/as	saldréis
Ustedes / Ellos / Ellas	saldrán

✔ 너는 몇 시에 나갈 거야?　　　　　➡ ¿A qué hora saldrás?

✔ 나는 10시에 나갈 거야.　　　　　➡ Saldré a las diez.

hacer → har- 하다 → 할 것이다	
Yo	haré
Tú	harás
Usted / Él / Ella	hará
Nosotros/as	haremos
Vosotros/as	haréis
Ustedes / Ellos / Ellas	harán

✔ 너는 토요일에 뭐 할 거야?　　　　➡ ¿Qué harás el sábado?

✔ 나는 Ana와 영화관에 갈 거야.　　　➡ Iré al cine con Ana.

3. '추측'으로 사용되는 미래시제

앞에서 언급했던 대로, 미래시제는 '추측'도 나타낼 수 있습니다. ser 동사와 tener 동사를 활용하여 그 쓰임을 확인해 봅시다.

[ser 동사 미래시제 규칙 변화 형태]

ser 이다 → 일 것이다	
Yo	seré
Tú	serás
Usted / Él / Ella	será
Nosotros/as	seremos
Vosotros/as	seréis
Ustedes / Ellos / Ellas	serán

✔ 몇 시야?　　　　　　　　　　➡ ¿Qué hora es?

✔ 1시일 거야.　　　　　　　　　➡ Será la una.

✔ 2시일 거야.　　　　　　　　　➡ Serán las dos.

[tener동사 미래시제 불규칙 변화 형태]

tener → tendr- 가지고 있다 → 가지고 있을 것이다	
Yo	tendré
Tú	tendrás
Usted / Él / Ella	tendrá
Nosotros/as	tendremos
Vosotros/as	tendréis
Ustedes / Ellos / Ellas	tendrán

✔ Yessi는 몇 살이야?　　　　　➡ ¿Cuántos años tiene Yessi?

✔ 20살일 거야.　　　　　　　　➡ Tendrá veinte años.

❸ 현재완료

현재완료는 'haber + -ado / -ido'의 형태이고, '~해 왔다, ~한 적 있다, ~했다(가까운 과거)' 등을 말할 때 사용됩니다.

1. 현재완료 형태

haber		
Yo	he	trabajar → trabajado
Tú	has	vender → vendido
Usted / Él / Ella	ha	vivir → vivido
Nosotros/as	hemos	ver → visto
Vosotros/as	habéis	hacer → hecho
Ustedes / Ellos / Ellas	han	

2. 현재완료의 쓰임

a. ~해 왔다

✔ 나는 5년 동안 페루에서 일해 왔다. ➡ He trabajado en Perú por cinco años.

✔ 나는 12년 동안 영어를 배워 왔다. ➡ He aprendido inglés por doce años.

✔ 나는 스페인에서 10년 동안 살아왔다. ➡ He vivido en España por diez años.

b. ~한 적 있다

✔ 나는 멕시코를 여행해 본 적 있다. ➡ He viajado por México.

✔ 나는 미국에 가 본 적 있다. ➡ He ido a Estados Unidos.

✔ 너는 Messi를 본 적 있니? ➡ ¿Has visto a Messi alguna vez?

✔ 너는 꾸이를 먹어 본 적 있니? ➡ ¿Has comido cuy alguna vez?

TIP '~한 적 있니?'라고 물어볼 때에는 'alguna vez 언젠가 한번'를 함께 사용하는 경우가 많습니다.

c. 가까운 과거를 말할 때

- ✔ 오늘 너는 뭐 했어?   → ¿Qué has hecho hoy?
- ✔ 나는 집에서 일했어.   → He trabajado en casa.
- ✔ 나는 자동차 한 대를 샀어.   → He comprado un coche.
- ✔ 나는 영화 한 편을 봤어.   → He visto una película.
- ✔ 나는 빠에야를 만들었어.   → He hecho paella.

④ gustar 동사의 활용

2탄에서 '나에게 / 즐거움을 준다 / 여행이'와 같은 스페인어의 독특한 문장 구조를 배웠던 것 기억하시죠? 이런 문장을 만들기 위해서는 '~에게'라는 뜻의 간접목적격 대명사가 필요합니다. 이번에는 간접목적격 대명사를 정리해 보도록 합시다.

나에게 - me / 너에게 - te / 그에게, 그녀에게, 당신에게 - le /
우리들에게 - nos / 너희들에게 - os / 그들에게, 그녀들에게, 당신들에게 -les

1. gustar 동사

[gustar 동사 현재시제 규칙 변화 형태]

gustar 즐거움을 주다	
Yo	gusto
Tú	gustas
Usted / Él / Ella	gusta
Nosotros/as	gustamos
Vosotros/as	gustáis
Ustedes / Ellos / Ellas	gustan

[gustar 동사와 명사 활용하기 → ~을 좋아하다]

✔ 나에게 / 즐거움을 준다 / TV가
   (= 나는 TV를 좋아한다.)   → Me gusta la tele.

✔ 나는 축구를 좋아한다.   → Me gusta el fútbol.

✔ 나는 여행을 좋아한다.   → Me gusta el viaje.

✔ 나는 스페인을 좋아한다.   → Me gusta España.

✔ 나는 동물들을 좋아한다.   → Me gustan los animales.

✔ 나는 꽃들을 좋아한다.   → Me gustan las flores.

[gustar 동사와 동사 원형 활용하기 → ~하는 것을 좋아하다]

✔ 나는 TV 보는 것을 좋아한다.   → Me gusta ver la tele.

✔ 나는 축구 보는 것을 좋아한다.   → Me gusta ver el fútbol.

✔ 나는 커피 마시는 것을 좋아한다.   → Me gusta tomar café.

✔ 나는 우유 마시는 것을 좋아한다.   → Me gusta tomar leche.

✔ 나는 무언가 배우는 것을 좋아한다.   → Me gusta aprender algo.

✔ 나는 여행하는 것을 좋아한다.   → Me gusta viajar.

✔ 나는 스페인어 공부하는 것을 좋아한다.   → Me gusta estudiar español.

✔ 나는 무언가를 사는 것을 좋아한다.   → Me gusta comprar algo.

✔ 나는 TV 보는 것을 좋아한다.   → Me gusta ver la tele.

✔ 너는 TV 보는 것을 좋아하니?   → ¿Te gusta ver la tele?

✔ 그는 / 그녀는 / 당신은 TV 보는 것을 좋아한다.   → Le gusta ver la tele.

✔ 우리들은 TV 보는 것을 좋아한다.   → Nos gusta ver la tele.

✔ 너희들은 TV 보는 것을 좋아하니?   → ¿Os gusta ver la tele?

✔ 그들은 / 그녀들은 / 당신들은 TV 보는 것을 좋아한다.   → Les gusta ver la tele.

✔ 나는 요가 하는 것을 좋아한다.   → Me gusta hacer yoga.

✔ 너는 무언가를 배우는 것을 좋아하니?   → ¿Te gusta aprender algo?

✔ 그는 / 그녀는 / 당신은 운동하는 것을 좋아한다.   → Le gusta hacer ejercicio.

✔ 우리들은 커피 마시는 것을 좋아한다.   → Nos gusta tomar café.

✔ 너희들은 영화관에 가는 것을 좋아하니?   → ¿Os gusta ir al cine?

✔ 그들은 / 그녀들은 / 당신들은 병원에 가는 것을 좋아한다.   → Les gusta ir al hospital.

2. encantar 동사

[encantar 동사 현재시제 규칙 변화 형태]

encantar 무척 즐거움을 주다	
Yo	encanto
Tú	encantas
Usted / Él / Ella	encanta
Nosotros/as	encantamos
Vosotros/as	encantáis
Ustedes / Ellos / Ellas	encantan

✔ 나는 여행을 정말 좋아한다.   → Me encanta el viaje.

✔ 나는 TV를 정말 좋아한다.   → Me encanta la tele.

✔ 나는 동물들을 정말 좋아한다.   → Me encantan los animales.

✔ 나는 꽃들을 정말 좋아한다.   → Me encantan las flores.

✔ 나는 TV 보는 것을 정말 좋아한다.   → Me encanta ver la tele.

✔ 나는 커피 마시는 것을 정말 좋아한다.   → Me encanta tomar café.

✔ 나는 빠에야 먹는 것을 정말 좋아한다.   → Me encanta comer paella.

✔ 너는 운동하는 것을 좋아하니?   → ¿Te gusta hacer ejercicio?

✔ 응, 정말 좋아해.   → ¡Sí, me gusta mucho!
                            = ¡Sí, me encanta!

✔ 아니, 안 좋아해.   → No, no me gusta.

✔ 일요일마다 너는 무엇을 하는 것을 좋아하니?

    ➡ ¿Qué te gusta hacer los domingos?

✔ 나는 춤추고 노래하는 것을 좋아해.

    ➡ Me gusta bailar y cantar.

✔ 나는 내 친구들과 축구 하는 것을 좋아해.

    ➡ Me gusta jugar al fútbol con mis amigos.

✔ 나는 일요일마다 영화관에 가는 것을 좋아해.

    ➡ Me gusta ir al cine los domingos.

여기까지 2탄 복습이 끝났습니다. 본격적으로 3탄에 들어가기에 앞서, 형용사와 전치사를 학습해 보겠습니다.

❺ 형용사

1. 형용사

스페인어에서 형용사는 기본적으로 명사 뒤에 위치합니다.

✔ 잘생긴 남자애	➡ el chico guapo
✔ 잘생긴 남자애들	➡ los chicos guapos
✔ 예쁜 여자애	➡ la chica guapa
✔ 예쁜 여자애들	➡ las chicas guapas
✔ 친절한 남자애	➡ el chico amable
✔ 친절한 남자애들	➡ los chicos amables
✔ 친절한 여자애	➡ la chica amable
✔ 친절한 여자애들	➡ las chicas amables
✔ 재미있는 남자애	➡ el chico divertido
✔ 재미있는 남자애들	➡ los chicos divertidos
✔ 재미있는 여자애	➡ la chica divertida
✔ 재미있는 여자애들	➡ las chicas divertidas

2. 응용

✔ 한국 남자애   → el chico coreano

✔ 한국 남자애들   → los chicos coreanos

✔ 한국 여자애   → la chica coreana

✔ 한국 여자애들   → las chicas coreanas

✔ 콜롬비아 남자애   → el chico colombiano

✔ 콜롬비아 남자애들   → los chicos colombianos

✔ 콜롬비아 여자애   → la chica colombiana

✔ 콜롬비아 여자애들   → las chicas colombianas

TIP coreano/a → 한국의, 한국 사람의, colombiano/a → 콜롬비아의, 콜롬비아 사람의

✔ 작은 고양이   → el gato pequeño

✔ 작은 고양이들   → los gatos pequeños

✔ 큰 고양이   → el gato grande

✔ 큰 고양이들   → los gatos grandes

✔ 작은 집   → la casa pequeña

✔ 작은 집들   → las casas pequeñas

✔ 큰 집   → la casa grande

✔ 큰 집들   → las casas grandes

✔ 한국 남자애 한 명   → un chico coreano

✔ 한국 남자애들 몇 명   → unos chicos coreanos

✔ 한국 여자애 한 명   → una chica coreana

✔ 한국 여자애들 몇 명   → unas chicas coreanas

✔ 콜롬비아 남자애 한 명   → un chico colombiano

✔ 콜롬비아 남자애들 몇 명   → unos chicos colombianos

✔ 콜롬비아 여자애 한 명   → una chica colombiana

✔ 콜롬비아 여자애들 몇 명   → unas chicas colombianas

✔ 친절한 아저씨 한 분	→ un señor amable
✔ 친절한 아저씨들 몇 분	→ unos señores amables
✔ 친절한 아주머니 한 분	→ una señora amable
✔ 친절한 아주머니들 몇 분	→ unas señoras amables
✔ 파란 자동차 한 대	→ un coche azul
✔ 파란 자동차들 몇 대	→ unos coches azules
✔ 하얀 집 한 채	→ una casa blanca
✔ 하얀 집들 몇 채	→ unas casas blancas

3. 'pasado/a 지난'의 활용

✔ 지난주 월요일	→ el lunes pasado
✔ 지난주 화요일	→ el martes pasado
✔ 지난주 수요일	→ el miércoles pasado
✔ 지난주 목요일	→ el jueves pasado
✔ 지난주 금요일	→ el viernes pasado
✔ 지난주 토요일	→ el sábado pasado
✔ 지난주 일요일	→ el domingo pasado
✔ 지난주	→ la semana pasada
✔ 지난달	→ el mes pasado
✔ 작년	→ el año pasado
✔ 지난 봄	→ la primavera pasada
✔ 지난 여름	→ el verano pasado
✔ 지난 가을	→ el otoño pasado
✔ 지난 겨울	→ el invierno pasado

4. 많은 ~ / 이 ~ / 하나의 ~

스페인어에서 형용사는 기본적으로 명사 뒤에 위치합니다. 하지만 '많은 ~, 이 ~, 하나의 ~' 등은 명사 앞에 위치하여 명사를 수식합니다.

✔ 많은 커피	➡ mucho café
✔ 많은 자동차들	➡ muchos coches
✔ 많은 물	➡ mucha agua
✔ 많은 테이블들	➡ muchas mesas

✔ 이 자동차	➡ este coche
✔ 이 자동차들	➡ estos coches
✔ 이 창문	➡ esta ventana
✔ 이 창문들	➡ estas ventanas

✔ 한 대의 자동차(자동차 한 대)	➡ un coche
✔ 두 대의 자동차들(자동차 두 대)	➡ dos coches
✔ 세 대의 자동차들(자동차 세 대)	➡ tres coches
✔ 네 대의 자동차들(자동차 네 대)	➡ cuatro coches

⑥ 전치사

지금까지 배운 전치사의 종류를 알아보고, 그 쓰임을 간단하게 정리해 봅시다.

1. 'de'

a. ~로부터 / ~ 출신의

✔ 나는 한국 출신입니다.	➡ Soy de Corea.

b. ~의

✔ Silvia의 집	➡ la casa de Silvia
✔ Daniel의 생일	➡ el cumpleaños de Daniel

2. 'a'

a. a + 사람 이름 = ~을 / ~에게

✔ 나는 원빈을 사랑한다. → Amo a 원빈.

✔ 나는 원빈에게 스페인어를 가르친다. → Enseño español a 원빈.

TIP 목적어가 사람일 경우 전치사 'a'를 동반합니다.

b. a + 장소 = ~에(방향)

✔ 너는 어디에 가니? → ¿A dónde vas?

✔ 나는 집에 가. → Voy a casa.

c. a + la / las + 숫자 = ~에(시간)

✔ 너는 몇 시에 밥 먹어? → ¿A qué hora comes?

✔ 나는 8시에 밥 먹어. → Como a las ocho.

3. 'con'

a. ~와 함께 / ~을 곁들여

✔ 나는 Yessi와 함께 스페인어를 공부한다. → Estudio español con Yessi.

✔ 우유를 곁들인 커피(= 밀크커피) → el café con leche

4. 'para'

a. ~을 위하여 / ~하려고

✔ 나는 행복하게 살기 위해 스페인어를 배운다.
  → Aprendo español para vivir felizmente.

✔ 나는 돈을 벌기 위해 스페인어를 배운다.
  → Aprendo español para ganar dinero.

b. ~에 / ~로(방향)

✔ 기차는 마드리드로 출발한다.   → El tren sale para Madrid.

✔ 비행기는 서울을 향해 출발한다.   → El avión sale para Seúl.

5. 'por'

a. ~를 통하여(수단, 장소)

✔ (수단) 나는 시원스쿨을 통하여 스페인어를 배운다.   → Estudio español por 시원스쿨.

✔ (장소) 나는 공원을 산책하고 싶다.   → Quiero pasear por el parque.

b. ~ 때문에

✔ 나 때문에 / 너 때문에   → por mí / por ti

✔ 왜   → por qué

TIP 전치사 다음에 나오는 'yo'와 'tú'는 형태가 변화합니다. 'yo, mí, tú ti'의 형태로 사용되어 'por mí', 'por ti'가 됩니다. 'para' 역시 'para mí 나를 위해'와 'para ti 너를 위해'가 되지만, 예외적으로 전치사 'con'은 'conmigo 나와 함께', 'contigo 너와 함께'라고 한다는 점을 주의해 주세요.

c. ~ 동안

✔ 2년 동안   → por dos años

✔ 2시간 동안   → por dos horas

6. 전치사 + 동사 원형

스페인어에서 동사 다음에 목적어가 올 때 명사뿐만 아니라 동사 원형도 쓸 수 있습니다. 이 때, 동사 원형은 진치사를 필요로 히기도 히고, 전치사를 수반하지 않기도 합니다. 각각의 경우를 배워 봅시다.

a. 전치사가 필요하지 않은 경우

'necesitar 필요로 하다'와 'amar 사랑하다'와 같은 동사는 동사 원형만 목적어로 올 수 있습니다.

[necesitar + 동사 원형 = ~하는 것을 필요로 하다]

✔ 나는 돈 버는 것이 필요하다.　　　　→ Necesito ganar dinero.

✔ 나는 커피 마시는 것이 필요하다.　　→ Necesito tomar café.

✔ 나는 무언가를 먹는 것이 필요하다.　→ Necesito comer algo.

[amar + 동사 원형 = ~하는 것을 사랑하다]

✔ 나는 여행하는 것을 사랑한다.　　　→ Amo viajar.

✔ 나는 커피 마시는 것을 사랑한다.　→ Amo tomar café.

✔ 나는 무언가를 사는 것을 사랑한다.　→ Amo comprar algo.

b. 전치사가 필요한 경우

necesitar 동사와 amar 동사와는 달리 동사 원형이 목적어로 올 때 전치사를 수반하는 동사들이 다양하게 있습니다. 대표적으로 'aprender 배우다', 'enseñar 가르치다'를 통해 확인해 봅시다.

[aprender + a + 동사 원형 = ~하는 것을 배우다]

✔ 수영하는 것을 배우다　　　　　　　→ aprender a nadar

✔ 나는 수영하는 것을 배우고 싶다.　　→ Quiero aprender a nadar.

✔ 나는 플라멩코 추는 것을 배우고 싶다.　→ Quiero aprender a bailar flamenco.

[enseñar + a + 동사 원형 = ~하는 것을 가르치다]

✔ 수영하는 것을 가르치다　　　　　　→ enseñar a nadar

✔ 나는 수영하는 것을 가르치고 싶다.　→ Quiero enseñar a nadar.

✔ 나는 요가 하는 것을 가르치고 싶다.　→ Quiero enseñar a hacer yoga.

✔ 나는 커피 만드는 것을 가르치고 싶다.　→ Quiero enseñar a hacer café.

✔ 나는 빠에야 만드는 것을 가르치고 싶다.　→ Quiero enseñar a hacer paella.

[salir/venir + a + 동사 원형 = ~하러 나가다 / ~하러 오다]

'salir 나가다'와 'venir 오다'는 동사의 특성상 목적어를 가지고 올 수 없습니다. 하지만 동사 뒤에 'a + 동사 원형'이 올 수 있는데 이 경우에는 '~하러 나가다, ~하러 오다'라고 해석됩니다.

■ salir + a + 동사 원형 = ~하러 나가다

✔ 밥 먹으러 나가다   → salir a comer

✔ 커피 마시러 나가다   → salir a tomar café

✔ 요가 하러 나가다   → salir a hacer yoga

✔ 운동하러 나가다   → salir a hacer ejercicio

✔ 나는 밥 먹으러 나갈 것이다.   → Voy a salir a comer.

✔ 나는 요가 하러 나갈 것이다.   → Voy a salir a hacer yoga.

✔ 나는 커피 마시러 나갈 것이다.   → Voy a salir a tomar café.

■ venir + a + 동사 원형 = ~하러 오다

✔ 밥 먹으러 오다   → venir a comer

✔ 저녁 먹으러 오다   → venir a cenar

✔ 축구 하러 오다   → venir a jugar al fútbol

✔ Ana는 밥 먹으러 올 것이다.   → Ana va a venir a comer.

✔ Juana는 저녁 먹으러 올 것이다.   → Juana va a venir a cenar.

✔ José는 축구 하러 올 것이다.   → José va a venir a jugar al fútbol.

PARTE

01

나는
6시에 일어나.

핵심 학습 재귀동사 - 스페인어의 독특한 구조 익히기

Capítulo

01

Normalmente me levanto temprano.

보통 나는 일찍 일어납니다.

학습 목표 준비 강의를 잘 마치고 1강에 들어오신 여러분 환영합니다. 이번 시간에는 '재귀동사'를 배워 봅시다.

학습 단어 ayudar 도와주다 | levantar 일으키다 | levantarse 일어나다 | llamar 부르다 | llamarse 불리다 | temprano 일찍 | más temprano 더 일찍 | más tarde 더 늦게 | normalmente 보통

지난 시간 복습

잠깐! 다시 떠올려 볼까요?

❶ 형용사

스페인어에서 형용사는 기본적으로 명사 뒤에 위치합니다. 그러나 예외도 있습니다.

- ✔ 지난주 월요일   → el lunes pasado
- ✔ 많은 자동차들   → muchos coches

❷ 전치사의 활용

준비 강의에서 학습한 전치사는 'de', 'a', 'con', 'para', 'por' 등이 있었습니다. 동사의 목적어로 동사 원형이 올 때 사용되는 전치사의 활용에 대해서 복습해 봅시다.

a. enseñar + a + 동사 원형 = ~하는 것을 가르치다

b. aprender + a + 동사 원형 = ~하는 것을 배우다

❸ 지난 강의 주요 표현

- ✔ 지난주   → la semana pasada
- ✔ 지난달   → el mes pasado
- ✔ 작년   → el año pasado

- ✔ 많은 돈   → mucho dinero
- ✔ 이 테이블   → esta mesa
- ✔ 세 대의 자동차(자동차 세 대)   → tres coches

- ✔ 나는 요가하는 것을 가르치고 싶다.
  - → Quiero enseñar a hacer yoga.

- ✔ 나는 수영하는 것을 배우고 싶다.
  - → Quiero aprender a nadar.

오늘도 하나씩 쌓아 가기!

오늘의 표현과 단어를 하나씩 쌓고, 밑줄 포인트를 익혀 봅시다.

① 오늘의 표현

✔ 어떻게 도와드릴까요? ➡ ¿Cómo le puedo ayudar?

TIP 1. 도와주다 → ayudar
2. 상점에 들어갔을 때 점원이 위와 같이 물어볼 수 있으니, 잘 익혀 두었다가 대답해 보세요.

② 오늘의 단어

✔ 일으키다 ➡ levantar

✔ 일어나다 ➡ levantarse

✔ 부르다 ➡ llamar

✔ 불리다 ➡ llamarse

✔ 일찍 ➡ temprano

✔ 늦게 ➡ tarde

✔ 더 일찍 ➡ más temprano

✔ 더 늦게 ➡ más tarde

✔ 보통 ➡ normalmente

③ 오늘의 밑줄 긋기

◆ 스페인에서 부사를 나타내고자 할 때에는 보통 형용사 뒤에 접두사 '-mente'를 붙여 표현합니다. '보통'이라는 부사도 '보통의'라는 형용사 'normal'에 '-mente'가 붙어 'normalmente'라고 표현한다는 점, 기억해 주세요!

STEP
2

오늘의 학습

오늘은 무엇을 배워 볼까요?

❶ 오늘의 핵심 포인트

스페인어에서는 '일어나다, 씻다, 결혼하다'와 같은 동사를 말하기 위해 '일으키다, 씻기다, 결혼시키다'와 같은 동사를 활용하여 재귀동사를 만들어 주어야 합니다. 우선, levantar 동사의 현재시제 규칙 변화 형태를 살펴봅시다.

levantar 일으키다	
Yo	levanto
Tú	levantas
Usted / Él / Ella	levanta
Nosotros/as	levantamos
Vosotros/as	levantáis
Ustedes / Ellos / Ellas	levantan

❷ 재귀동사 만들기

재귀동사를 만드는 법을 배우기 위해서 대표적으로 levantar 동사를 활용해 볼까요? 재귀동사를 만드는 원리는 다음과 같습니다.

[스스로를 + 일으키다 = 일어나다]

'스스로를'의 역할을 하는 것이 'se'이고, 동사 원형 'levantar' 뒤에 붙습니다. 즉, '일어나다'의 뜻을 가지는 동사는 'levantarse'가 됩니다. 이 때 'se'는 동사 원형일 때는 동사 뒤에 붙지만, 동사를 인칭에 따라 변형시킬 때에는 동사 앞에 위치합니다. 또한, 동사가 변화할 경우 'se'도 인칭에 따라 변화 형태를 가집니다.

❸ levantarse 동사

levantarse 일어나다	
Yo	**me** levanto
Tú	**te** levantas
Usted / Él / Ella	**se** levanta
Nosotros/as	**nos** levantamos
Vosotros/as	**os** levantáis
Ustedes / Ellos / Ellas	**se** levantan

✔ 나는 일어난다.   → Me levanto.

✔ 나는 7시에 일어난다.   → Me levanto a las siete.

✔ 나는 3시에 일어난다.   → Me levanto a las tres.

✔ 나는 일찍 일어난다.   → Me levanto temprano.

✔ 나는 늦게 일어난다.   → Me levanto tarde.

✔ 너는 몇 시에 일어나니?   → ¿A qué hora te levantas?

✔ 그녀는 일어난다.   → Ella se levanta.

✔ 그녀는 늦게 일어난다.   → Ella se levanta tarde.

✔ 그녀는 일찍 일어난다.   → Ella se levanta temprano.

✔ 우리들은 일어난다.   → Nos levantamos.

✔ 우리들은 늦게 일어난다.   → Nos levantamos tarde.

✔ 우리들은 일찍 일어난다.   → Nos levantamos temprano.

✔ 몇 시에 너희들은 일어나니?   → ¿A qué hora os levantáis?

✔ 그녀들은 일어난다.   → Ellas se levantan.

✔ 그녀들은 늦게 일어난다.   → Ellas se levantan tarde.

✔ 그녀들은 일찍 일어난다.   → Ellas se levantan temprano.

④ **llamarse 동사**

llamar 동사는 '부르다'라는 뜻을 가지고 있습니다. llamar 동사 뒤에 'se'를 붙여 주면 '불리다, 이름이 ~이다'가 됩니다. llamarse 동사는 이름을 묻고 대답하는 표현에서 자주 사용되므로 잘 기억해 주세요!

llamar**se** 불리다 / 이름이 ~이다	
Yo	**me** llamo
Tú	**te** llamas
Usted / Él / Ella	**se** llama
Nosotros/as	**nos** llamamos
Vosotros/as	**os** llamáis
Ustedes / Ellos / Ellas	**se** llaman

✔ 너는 어떻게 불리니?(너는 이름이 뭐니?)   → ¿Cómo te llamas?

✔ 당신은 이름이 뭐예요?   → ¿Cómo se llama usted?

✔ 나는 Yessi야. 너는?   → Me llamo Yessi. ¿Y tú?

⑤ **다이얼로그**

Laura: ¿A qué hora te levantas?

Ana: Me levanto a las siete porque tengo que ir a la escuela. ¿Y tú?

Laura: Yo me levanto más temprano para hacer yoga.

Laura: 몇 시에 너는 일어나니?

Ana: 나는 7시에 일어나. 왜냐하면 학교에 가야 하기 때문이야. 너는?

Laura: 나는 요가를 하기 위해 더 일찍 일어나.

연습 문제

오늘 배운 내용을 완전히 내 것으로 만들어 봐요!

❶ 인칭대명사에 따라 빈칸에 알맞은 levantarse 동사 변화를 적어 봅시다.

levantarse

a. Yo

b. Tú

c. Él / Ella / Usted

d. Nosotros/as

e. Vosotros/as

f. Ustedes / Ellos / Ellas

❷ 나열된 단어를 순서대로 배열하여 문장을 만들어 봅시다.

a. 우리들은 늦게 일어난다. (nos / tarde / levantamos)

➡ _____

b. 몇 시에 너희들은 일어나니? (os / a / levantáis / hora / qué)

➡ _____

c. 그녀는 이름이 뭐예요? (se / cómo / llama / ella)

➡ _____

d. 그녀의 이름은 Lucia야. (ella / se / Lucia / llama)

➡ _____

❸ 오늘 배운 표현들을 직접 작문해 봅시다.

a. 너는 몇 시에 일어나?

➡ _____

b. 보통 나는 일찍 일어나.

➡ _____

c. 당신은 이름이 뭐예요?

➡ _____

d. 내 이름은 Laura야.

➡ _____

④ 제시된 단어를 이용해 직접 작문해 봅시다.

> levantarse 일어나다 | tarde 늦게 | temprano 일찍 | llamarse 불리다

a. 나는 9시에 일어나.　　➡ _____

b. 그들은 늦게 일어난다.　➡ _____

c. 우리들은 일찍 일어난다.　➡ _____

d. 너는 이름이 뭐니?　　➡ _____

오늘 꼭 기억해 두어야 할 문장! 완전히 내 것으로 만들어 봐요.

① ¿A qué hora te levantas?　　② Normalmente me levanto temprano.

③ ¿Cómo se llama usted?　　④ Me llamo Laura.

> **정답**
>
> **1**　**a.** me levanto / **b.** te levantas / **c.** se levanta / **d.** nos levantamos / **e.** os levantáis / **f.** se levantan
>
> **2**　**a.** Nos levantamos tarde. / **b.** ¿A qué hora os levantáis? / **c.** ¿Cómo se llama ella? / **d.** Ella se llama Lucia.
>
> **3**　**a.** ¿A qué hora te levantas? / **b.** Normalmente me levanto temprano. / **c.** ¿Cómo se llama usted? / **d.** Me llamo Laura.
>
> **4**　**a.** Me levanto a las nueve. / **b.** Ellos se levantan tarde. / **c.** Nos levantamos temprano. / **d.** ¿Cómo te llamas?

Capítulo 02

Quiero acostarme temprano.

나는 일찍 잠자리에 들고 싶습니다.

 학습 목표   이번 시간에는 불규칙 변화 형태를 가지는 재귀동사를 배워 봅시다.

 학습 단어   acostar 눕히다 | acostarse 눕다 | irse 가 버리다, 떠나다 | más o menos 대략 | Estados Unidos m. 미국 | querer 원하다 | media f. (시간에서 말하는) 반

STEP 1 지난 시간 복습

잠깐! 다시 떠올려 볼까요?

① levantarse 동사와 llamarse 동사

지난 시간에는 levantar 동사와 llamarse 동사의 재귀동사 형태를 학습해 보았습니다. 동사 원형 뒤에 붙는 'se'가 변형 동사일 때에는 동사 앞에 위치한다는 점을 잘 기억해 주세요.

✔ 일으키다 : levantar   ➡ 일어나다 : levantarse

✔ 부르다 : llamar   ➡ 불리다 / 이름이 ~이다 : llamarse

	levantarse 일어나다	llamarse 불리다 / 이름이 ~이다
Yo	**me** levanto	**me** llamo
Tú	**te** levantas	**te** llamas
Usted / Él / Ella	**se** levanta	**se** llama
Nosotros/as	**nos** levantamos	**nos** llamamos
Vosotros/as	**os** levantáis	**os** llamáis
Ustedes / Ellos / Ellas	**se** levantan	**se** llaman

② 지난 강의 주요 표현

✔ 너는 몇 시에 일어나니?   ➡ ¿A qué hora te levantas?

✔ 보통 나는 8시에 일어나.   ➡ Normalmente me levanto a las ocho.

✔ 보통 나는 늦게 일어나.   ➡ Normalmente me levanto tarde.

✔ 너는 이름이 뭐야?   ➡ ¿Cómo te llamas?

✔ 당신은 이름이 뭐예요?   ➡ ¿Cómo se llama usted?

✔ 내 이름은 Yessi야.   ➡ Me llamo Yessi.

오늘도 하나씩 쌓아 가기!

오늘의 표현과 단어를 하나씩 쌓고, 밑줄 포인트를 익혀 봅시다.

❶ 오늘의 표현

✔ 그냥 보고 있는 중이에요. ➡ Solo estoy mirando.

TIP 쇼핑 중에 점원이 '¿Cómo le puedo ayudar? 어떻게 도와드릴까요?'라고 말을 걸면, 'Solo estoy mirando'라고 말해 보세요.

❷ 오늘의 단어

✔ 단지, 오직　　 ➡ solo

✔ 바라보다　　 ➡ mirar

✔ 눕히다　　 ➡ acostar

✔ 눕다　　 ➡ acostarse

✔ 가 버리다　　 ➡ irse

✔ 대략　　 ➡ más o menos

✔ 미국　　 ➡ Estados Unidos

❸ 오늘의 밑줄 긋기

◆ '단지, 오직'을 뜻하는 단어 'solo'는 형용사로도 쓰여 '한 사람만, 혼자의'라는 뜻으로도 사용할 수 있습니다.

오늘의 학습

오늘은 무엇을 배워 볼까요?

① 오늘의 핵심 포인트

지난 시간에는 규칙적으로 변하는 재귀동사를 살펴보았습니다. 이번 시간에는 불규칙 변화 형태를 가지는 재귀동사를 배워 보겠습니다.

② acostarse 동사

'o → ue'로 바뀌는 acostar 동사의 현재시제 불규칙 변화 형태를 표를 통해 확인해 봅시다.

acostar 눕히다	
Yo	acuesto
Tú	acuestas
Usted / Él / Ella	acuesta
Nosotros/as	acostamos
Vosotros/as	acostáis
Ustedes / Ellos / Ellas	acuestan

acostar 동사에 재귀대명사인 'se'를 붙이면 '눕다, 잠자리에 들다'가 됩니다.

acostarse 눕다 / 잠자리에 들다	
Yo	**me** acuesto
Tú	**te** acuestas
Usted / Él / Ella	**se** acuesta
Nosotros/as	**nos** acostamos
Vosotros/as	**os** acostáis
Ustedes / Ellos / Ellas	**se** acuestan

✔ 나는 잠자리에 든다.	→ Me acuesto.
✔ 나는 일찍 잠자리에 든다.	→ Me acuesto temprano.
✔ 나는 늦게 잠자리에 든다.	→ Me acuesto tarde.
✔ 보통 나는 늦게 잠자리에 든다.	→ Normalmente me acuesto tarde. = Me acuesto tarde normalmente.
✔ 나는 8시에 잠자리에 든다.	→ Me acuesto a las ocho.
✔ 나는 8시쯤에 잠자리에 든다.	→ Me acuesto más o menos a las ocho.

✔ 너는 몇 시에 잠자리에 드니?	→ ¿A qué hora te acuestas?
✔ Yessi는 늦게 잠자리에 든다.	→ Yessi se acuesta tarde.
✔ 우리들은 10시에 잠자리에 든다.	→ Nos acostamos a las diez.
✔ 너희들은 몇 시에 잠자리에 드니?	→ ¿A qué hora os acostáis?
✔ 그녀들은 일찍 잠자리에 든다.	→ Ellas se acuestan temprano.

❸ 재귀동사의 활용

지금까지 배운 재귀동사의 원형을 활용해 봅시다.

a. querer 동사 + 재귀동사 원형

'querer + 동사 원형'은 '~하고 싶다'라는 뜻을 가지고 있습니다.

✔ 나는 일어나고 싶다.	→ Quiero levantarme.
✔ 나는 일찍 일어나고 싶다.	→ Quiero levantarme temprano.
✔ 나는 잠자리에 들고 싶다.	→ Quiero acostarme.
✔ 나는 10시에 잠자리에 들고 싶다.	→ Quiero acostarme a las diez.

b. ir 동사 + a + 재귀동사 원형

'ir + a + 동사 원형'은 '~ 할 것이다'라는 뜻을 가지고 있습니다.

✔ 나는 일어날 것이다.	→ Voy a levantarme.
✔ 나는 늦게 일어날 것이다.	→ Voy a levantarme tarde.
✔ 나는 잠자리에 들 것이다.	→ Voy a acostarme.
✔ 나는 10시쯤에 잠자리에 들 것이다.	→ Voy a acostarme más o menos a las diez.

④ 강조의 'se'

재귀동사(levantarse, acostarse…)에서 'se'는 '스스로를'이라는 의미를 갖습니다. 이번에는 'se'의 또 다른 쓰임을 알아봅시다.

ir 동사는 '가다'라는 뜻입니다. 하지만 'se'를 ir 동사 뒤에 붙이면 '가다'의 의미가 강조되어 '가 버리다, (어떤 장소에서) 떠나다'라는 의미가 됩니다.

irse 가 버리다 / 떠나다	
Yo	**me** voy
Tú	**te** vas
Usted / Él / Ella	**se** va
Nosotros/as	**nos** vamos
Vosotros/as	**os** váis
Ustedes / Ellos / Ellas	**se** van

✔ 너는 가니?　　　　　　　→ ¿Te vas?

✔ 나 갈게.　　　　　　　　→ Me voy.

TIP 친구들과 놀다가 집에 가야 할 때 이 표현을 사용해 보세요.

⑤ 다이얼로그

Daniel: Me voy a Estados Unidos.

Ana: ¿Cuándo te vas?

Daniel: Me voy en mayo.

Daniel: 나 미국으로 떠나.

Ana: 언제 떠나?

Daniel: 나는 5월에 떠나.

연습 문제

오늘 배운 내용을 완전히 내 것으로 만들어 봐요!

❶ 인칭대명사에 따라 빈칸에 알맞은 acostarse 동사 변화를 적어 봅시다.

acostarse

a. Yo		
b. Tú		
c. Él / Ella / Usted		
d. Nosotros/as		
e. Vosotros/as		
f. Ustedes / Ellos / Ellas		

❷ 나열된 단어를 순서대로 배열하여 문장을 만들어 봅시다.

a. 나 미국으로 떠나. (Estados Unidos / voy / me / a)

➡ _____

b. 언제 떠나? (vas / te / cuándo)

➡ _____

c. 나는 5월에 떠나. (me / Mayo / en / voy)

➡ _____

❸ 오늘 배운 표현들을 직접 작문해 봅시다.

a. 너는 몇 시에 잠자리에 드니?

➡ _____

b. 나는 11시에 잠자리에 들어.

➡ _____

c. 나는 일찍 잠자리에 들고 싶어.

→ _____

d. 나 갈게.

→ _____

④ 제시된 단어를 이용해 직접 작문해 봅시다.

> querer 원하다 | levantarse 일어나다 | tarde 늦게 |
> acostarse 잠들다 | media f. (시간에서 말하는) 반

a. 나는 일어나고 싶다.   → _____

b. 그들은 늦게 일어난다.   → _____

c. 나는 잠자리에 들고 싶다. → _____

d. 나는 11시 반에 잠자리에 들어. → _____

오늘 꼭 기억해 두어야 할 문장! 완전히 내 것으로 만들어 봐요.

① ¿A qué hora te acuestas?

② Me acuesto a las once.

③ Quiero acostarme temprano.

④ Me voy.

정답

1   a. me acuesto / b. te acuestas / c. se acuesta / d. nos acostamos / e. os acostáis / f. se acuestan

2   a. Me voy a Estados Unidos. / b. ¿Cuándo te vas? / c. Me voy en mayo.

3   a. ¿A qué hora te acuestas? / b. Me acuesto a las once. / c. Quiero acostarme temprano. / d. Me voy.

4   a. Quiero levantarme. / b. Ellos se levantan tarde. / c. Quiero acostarme. / d. Me acuesto a las once y media.

Capítulo 03

Quiero casarme con 정우성.

나는 정우성과 결혼하고 싶습니다.

 학습 목표 이번 시간에는 지금까지 배운 재귀동사를 복습해 보겠습니다.

학습 단어 casar 결혼시키다 | casarse 결혼하다 | España f. 스페인 | noviembre m. 11월

지난 시간 복습

잠깐! 다시 떠올려 볼까요?

① acostarse 동사

지난 시간에는 현재시제일 때 불규칙 변화 형태를 가지는 acostarse 동사를 학습하였습니다.

acostarse 눕다 / 잠자리에 들다	
Yo	**me** acuesto
Tú	**te** acuestas
Usted / Él / Ella	**se** acuesta
Nosotros/as	**nos** acostamos
Vosotros/as	**os** acostáis
Ustedes / Ellos / Ellas	**se** acuestan

② 재귀동사의 활용

a. querer 동사 + 재귀동사

✔ 너는 몇 시에 잠자리에 들고 싶어? ➡ ¿A qué hora quieres acostarte?

b. ir 동사 + a + 재귀동사

✔ 나는 10시쯤에 잠자리에 들 거야. ➡ Voy a acostarme más o menos a las diez.

❸ 강조의 'se'

'acostar 눕히다' 동사에 'se'를 더하여 'acostarse 눕다' 동사를 만들어 보았습니다. 그런데 'se'는 강조의 의미로 사용되기도 합니다.

✔ 가다 : ir ➡ 가 버리다, 떠나다 : irse

irse 가 버리다	
Yo	**me** voy
Tú	**te** vas
Usted / Él / Ella	**se** va
Nosotros/as	**nos** vamos
Vosotros/as	**os** vais
Ustedes / Ellos / Ellas	**se** van

❹ 지난 강의 주요 표현

✔ 너는 몇 시에 잠자리에 드니?
➡ ¿A qué hora te acuestas?

✔ 보통 나는 11시쯤에 잠자리에 들어.
➡ Normalmente me acuesto más o menos a las once.

✔ 너는 몇 시에 잠자리에 들 거야?
➡ ¿A qué hora vas a acostarte?

✔ 나는 10시에 잠자리에 들 거야.
➡ Voy a acostarme a las diez.

✔ 나 스페인으로 떠나.
➡ Me voy a España.

✔ 언제 떠나?
➡ ¿Cuándo te vas?

오늘도 하나씩 쌓아 가기!

오늘의 표현과 단어를 하나씩 쌓고, 밑줄 포인트를 익혀 봅시다.

❶ 오늘의 표현

✔ 좀 도와주실래요? ➡ ¿Puede atenderme?

TIP 쇼핑 중에 도움이 필요할 때 점원에게 '¿Puede atenderme?'라고 말해 보세요.

❷ 오늘의 단어

✔ (손님, 고객을) 대접하다, 맞아들이다 ➡ atender

TIP atender 동사는 현재시제일 때 'e → ie'로 바뀌는 불규칙 동사입니다.

✔ 결혼시키다 ➡ casar

✔ 결혼하다 ➡ casarse

❸ 오늘의 밑줄 긋기

◆ '결혼시키다'를 뜻하는 단어 'casar'와 종종 혼돈이 되는 단어가 있습니다. 바로 '사냥하다'를 뜻하는 'cazar'인데요. s 발음을 잘못하여 z 발음을 한다면, '결혼시키다'가 아닌 '사냥하다'로 오해할 수 있으니 유의해 주세요!

오늘의 학습

오늘은 무엇을 배워 볼까요?

❶ 오늘의 핵심 포인트

이번 시간에는 지금까지 배운 재귀동사를 복습해 봅시다. 스페인어에서는 '일으키다, 눕히다, 결혼시키다' 등과 같은 동사에 재귀대명사 'se'를 더하여 '일어나다, 눕다, 결혼하다'라는 의미를 만듭니다. 여기서 'se'는 '스스로를'이라는 뜻으로 해석될 수 있습니다.

- ✔ 일으키다 : levantar → 일어나다 : levantarse
- ✔ 부르다 : llamar → 불리다 / 이름이 ~이다 : llamarse
- ✔ 눕히다 : acostar → 눕다 / 잠자리에 들다 : acostarse

TIP 'levantarse', 'llamarse', 'acostarse'와 같은 동사를 행위가 자신에게 되돌아온다고 하여 '재귀동사'라고 하고, 'se'를 재귀대명사라고 합니다. 스페인어는 이와 같은 동사 형태가 매우 발달되어 있습니다.

❷ 재귀동사

a. levantarse 동사

levantarse 일어나다	
Yo	**me** levanto
Tú	**te** levantas
Usted / Él / Ella	**se** levanta
Nosotros/as	**nos** levantamos
Vosotros/as	**os** levantáis
Ustedes / Ellos / Ellas	**se** levantan

- ✔ 나는 늦게 일어나. → Me levanto tarde.
- ✔ 우리들은 일찍 일어나. → Nos levantamos temprano.
- ✔ 그녀들은 10시쯤 일어난다. → Ellas se levantan mas o menos a las diez.
- ✔ 몇 시에 너는 일어나니? → ¿A qué hora te levantas?
- ✔ 보통 나는 일찍 일어나. → Normalmente me levanto temprano.

b. llamarse 동사

llamarse 불리다 / 이름이 ~이다	
Yo	**me** llamo
Tú	**te** llamas
Usted / Él / Ella	**se** llama
Nosotros/as	**nos** llamamos
Vosotros/as	**os** llamáis
Ustedes / Ellos / Ellas	**se** llaman

✔ 너는 이름이 뭐야?   → ¿Cómo te llamas?

✔ 내 이름은 Laura야. 너는?   → Me llamo Laura. ¿Y tú?

✔ 당신은 이름이 뭐예요?   → ¿Cómo se llama usted?

✔ 제 이름은 Fernando입니다.   → Me llamo Fernando.

c. acostarse 동사

acostarse 눕다 / 잠자리에 들다	
Yo	**me** acuesto
Tú	**te** acuestas
Usted / Él / Ella	**se** acuesta
Nosotros/as	**nos** acostamos
Vosotros/as	**os** acostáis
Ustedes / Ellos / Ellas	**se** acuestan

✔ 나는 늦게 잠자리에 들어.   → Me acuesto tarde.

✔ 몇 시에 너는 잠자리에 드니?   → ¿A qué hora te acuestas?

✔ 보통 나는 늦게 잠자리에 들어.   → Normalmente me acuesto tarde.

✔ 몇 시에 너희들은 잠자리에 드니?   → ¿A qué hora os acostáis?

✔ 우리들은 10시에 잠자리에 들어.   → Nos acostamos a las diez.

❸ 재귀동사의 활용

재귀동사의 원형을 활용할 때 주어의 인칭에 따라 'se'도 형태를 바꿔 주어야 한다는 점이 중요합니다.

a. querer 동사 + 동사 원형

✔ 나는 일찍 일어나고 싶다.   ➡ Quiero levantar**me** temprano.

✔ 나는 10시에 잠자리에 들고 싶다.   ➡ Quiero acostar**me** a las diez.

b. ir 동사 + a + 재귀동사 원형

✔ 나는 늦게 일어날 것이다.   ➡ Voy a levantar**me** tarde.

✔ 나는 9시쯤에 잠자리에 들 것이다.   ➡ Voy a acostar**me** más o menos a las nueve.

❹ 강조의 'se'

'se'는 재귀대명사로 쓰이기도 하지만 강조의 기능을 하기도 합니다.

irse 가 버리다 / 떠나다	
Yo	**me** voy
Tú	**te** vas
Usted / Él / Ella	**se** va
Nosotros/as	**nos** vamos
Vosotros/as	**os** váis
Ustedes / Ellos / Ellas	**se** van

✔ 나 갈게.   ➡ Me voy.

✔ 너 가니?   ➡ ¿Te vas?

✔ 언제 너는 미국으로 떠나니?   ➡ ¿Cuándo te vas a Estados Unidos?

✔ 나는 10월에 떠나.   ➡ Me voy en octubre.

✔ 언제 당신들은 스페인으로 떠나요?   ➡ ¿Cuándo se van ustedes a España?

✔ 우리들은 4월에 떠나요.   ➡ Nos vamos en abril.

⑤ casar 동사와 casarse 동사

또 다른 재귀동사를 배워 봅시다. casar 동사는 '결혼시키다'이고, 여기에 'se'를 붙이면 '결혼하다'라는 뜻을 가진 casarse 동사가 만들어집니다.

casarse 결혼하다	
Yo	**me** caso
Tú	**te** casas
Usted / Él / Ella	**se** casa
Nosotros/as	**nos** casamos
Vosotros/as	**os** casáis
Ustedes / Ellos / Ellas	**se** casan

✔ 나는 결혼한다. → Me caso.

✔ 나는 Daniel과 결혼한다. → Me caso con Daniel.

✔ 나는 결혼하고 싶다. → Quiero casarme.

✔ 나는 정우성과 결혼하고 싶다. → Quiero casarme con 정우성.

✔ 나는 결혼할 거야. → Voy a casarme.

✔ 나는 Daniel과 결혼할 거야. → Voy a casarme con Daniel.

✔ 너는 정우성과 결혼하고 싶어? → ¿Quieres casarte con 정우성?

✔ 너는 정우성과 결혼할 거야? → ¿Vas a casarte con 정우성?

연습 문제

오늘 배운 내용을 완전히 내 것으로 만들어 봐요!

❶ 인칭대명사에 따라 빈칸에 알맞은 casarse 동사 변화를 적어 봅시다.

casarse

a. Yo

b. Tú

c. Él / Ella / Usted

d. Nosotros/as

e. Vosotros/as

f. Ustedes / Ellos / Ellas

❷ 제시된 단어들을 이어서 문장을 완성해 봅시다.

a. me caso · · a. abril

b. voy a · · b. Juan

c. nos vamos en · · c. con 정우성

d. me llamo · · d. casarme

❸ 오늘 배운 표현들을 직접 작문해 봅시다.

a. 나는 Daniel과 결혼한다.

➡ _____

b. 나는 Daniel과 결혼하고 싶어.

➡ _____

c. 나는 Daniel과 결혼할 거야.

➡ _____

④ 제시된 단어를 이용해 직접 작문해 봅시다.

> casarse 결혼하다 | España f. 스페인 |
> noviembre m.11월 | levantarse 일어나다

a. 나는 결혼하고 싶다.　　　　　➡ _____

b. 그녀는 Daniel과 결혼한다.　　➡ _____

c. 그들은 언제 스페인으로 떠나니?　➡ _____

d. 그들은 11월에 떠나요.　　　　➡ _____

e. 나는 늦게 일어나.　　　　　　➡ _____

오늘 꼭 기억해 두어야 할 문장! 완전히 내 것으로 만들어 봐요.

① Me caso con Daniel.

② Quiero casarme con Daniel.

③ Voy a casarme con Daniel.

④ ¿Vas a casarte con Daniel?

정답

1　a. me caso / b. te casas / c. se casa / d. nos casamos / e. os casáis / f. se casan

2　a. (c) Me caso con 정우성. / b. (d) Voy a casarme. / c. (a) Nos vamos en abril. / d. (b) Me llamo Juan.

3　a. Me caso con Daniel. / b. Quiero casarme con Daniel. / c. Voy a casarme con Daniel.

4　a. Quiero casarme. / b. Ella se casa con Daniel. / c. ¿Cuándo se van ellos a España? / d. Ellos se van en noviembre. / e. Me levanto tarde.

Capítulo 04

me, te, se ···

직접·간접목적격 대명사 및 재귀대명사

학습 목표

이번 강의에서는 직접·간접목적격 대명사와 이전 강의에서 배운 재귀대명사를 정리해 보겠습니다.

학습 단어

color m. 색깔 | **esperar** 기다리다 | **presentar** 소개하다

지난 시간 복습

잠깐! 다시 떠올려 볼까요?

❶ casarse 동사

지난 시간에는 재귀동사를 복습하였고, casarse 동사를 새롭게 배워 보았습니다.

casar**se** 결혼하다	
Yo	**me** caso
Tú	**te** casas
Usted / Él / Ella	**se** casa
Nosotros/as	**nos** casamos
Vosotros/as	**os** casáis
Ustedes / Ellos / Ellas	**se** casan

❷ 지난 강의 주요 표현

✔ 나는 정우성과 결혼한다.   ➡ Me caso con 정우성.

✔ 나는 정우성과 결혼하고 싶다. ➡ Quiero casarme con 정우성.

✔ 나는 정우성과 결혼할 것이다. ➡ Voy a casarme con 정우성.

오늘도 하나씩 쌓아 가기!

오늘의 표현과 단어를 하나씩 쌓고, 밑줄 포인트를 익혀 봅시다.

❶ 오늘의 핵심 포인트

✔ 다른 색깔 있나요? ➡ ¿Hay otros colores?

TIP otro(다른) + 명사 = 다른 ~

❷ 오늘의 단어

✔ 색깔   ➡ el color

✔ 기다리다   ➡ esperar

✔ 소개하다   ➡ presentar

❸ 오늘의 밑줄 긋기

◆ 'otro 다른 + 명사'라는 표현에서 명사가 여성형인 경우에는 성수를 일치시켜 'otra'를 씁니다. 이 점 꼭 기억해 주세요!

🇪 다른 장미 otra rosa / 다른 책상 otra mesa

오늘의 학습

오늘은 무엇을 배워 볼까요?

❶ 오늘의 핵심 포인트

이번 시간에는 1탄과 2탄에 걸쳐 학습한 직접·간접목적격 대명사와 3탄에서 학습한 재귀동사를 정리해 봅시다.

a. 직접목적격 대명사 (~을/를)

나를	me	우리들을	nos
너를	te	너희들을	os
그를 그녀를 당신을 그것을	lo la	그들을 그녀들을 당신들을 그것들을	los las

TIP 'lo, la, los, las'는 사물을 대신해서 쓰일 수 있습니다.

b. 간접목적격 대명사 (~에게)

나에게	me	우리들에게	nos
너에게	te	너희들에게	os
그에게 그녀에게 당신에게	le	그들에게 그녀들에게 당신들에게	les

c. 재귀대명사 'se' (스스로)

나 (스스로)	me	우리들 (스스로)	nos
너 (스스로)	te	너희들 (스스로)	os
그 (스스로) 그녀 (스스로) 당신 (스스로)	se	그들 (스스로) 그녀들 (스스로) 당신들 (스스로)	se

TIP 'se'는 재귀대명사의 역할을 할 뿐만 아니라, 강조의 역할을 하는 등 다양하게 쓰입니다.

❷ 직접·간접목적격 대명사와 재귀대명사의 위치

a. 변형 동사 '앞'에 온다.

✔ 나는 그를 사랑해. → Lo amo.

✔ 나는 그녀를 사랑해. → La amo.

✔ 나는 너희들을 사랑해. → Os amo.

✔ 나는 너를 사랑해. → (Yo) **te** amo.

✔ 나에게 즐거움을 준다 축구가.(나는 축구를 좋아해.) → **Me** gusta el fútbol.

✔ 너는 축구가 좋아? → ¿**Te** gusta el fútbol?

✔ 나는 일찍 일어난다. → **Me** levanto temprano.

✔ 너는 일찍 일어나니? → ¿**Te** levantas temprano?

b. 동사 원형이 올 경우, 동사 '앞' 혹은 동사 원형 '뒤'에 온다.

✔ 나는 너를 사랑할 것이다. → **Te** voy a amar. = Voy a amar**te**.

✔ 나는 너에게 줄 것이다. → **Te** voy a dar. = Voy a dar**te**.

✔ 나는 결혼할 것이다. → **Me** voy a casar. = Voy a casar**me**.

직접·간접목적격 대명사와 재귀대명사를 동사 원형 뒤에 넣어 말하기 연습을 해 봅시다.

[esperar 기다리다]

✔ 나는 너를 기다릴 것이다. → Voy a esperar**te**.

✔ 나는 그를 기다릴 것이다. → Voy a esperar**lo**.

✔ 나는 그녀를 기다릴 것이다. → Voy a esperar**la**.

✔ 나는 그들을 기다릴 것이다. → Voy a esperar**los**.

✔ 나는 그녀들을 기다릴 것이다. → Voy a esperar**las**.

[**comprar** 사다]

✔ 너는 그 자동차를 살 거야?   → ¿Vas a comprar el coche?

✔ 응, 나는 그것을 살 거야.   → Sí, voy a comprar**lo**.

✔ 너 그 장미를 살 거야?   → ¿Vas a comprar la rosa?

✔ 응, 나는 그것을 살 거야.   → Sí, voy a comprar**la**.

✔ 너는 그 책들을 살 거야?   → ¿Vas a comprar los libros?

✔ 응, 나는 그것들을 살 거야.   → Sí, voy a comprar**los**.

✔ 너는 그 테이블들을 살 거야?   → ¿Vas a comprar las mesas?

✔ 응, 나는 그것들을 살 거야.   → Sí, voy a comprar**las**.

[**presentar** 소개하다]

✔ 나는 너에게 소개해 줄 것이다.   → Voy a presentar**te**.

✔ 나는 너에게 우리 엄마를 소개해 줄 것이다.   → Voy a presentar**te** a mi mamá.

✔ 나는 그에게 소개해 줄 것이다.   → Voy a presentar**le**.

✔ 나는 그녀에게 소개해 줄 것이다.   → Voy a presentar**le**.

✔ 나는 그녀에게 Leo를 소개해 줄 것이다.   → Voy a presentar**le** a Leo.

✔ 나는 그에게 우리 아빠를 소개해 줄 것이다.   → Voy a presentar**le** a mi papá.

[**casarse** 결혼하다]

✔ 나는 결혼하고 싶다.   → Quiero casar**me**.

✔ 너는 결혼하고 싶어?   → ¿Quieres casar**te**?

✔ 나는 그녀와 결혼하고 싶다.   → Quiero casar**me** con ella.

연습 문제

오늘 배운 내용을 완전히 내 것으로 만들어 봐요!

① 빈칸에 알맞은 직접·간접목적격 대명사, 혹은 재귀대명사를 적어 봅시다.

a. 나를

b. 너 (스스로)

c. 그에게, 그녀에게, 당신에게

d. 우리들을

e. 너희에게

f. 그들, 그녀들, 당신들 (스스로)

② 보기와 같이 직접목적격 대명사를 동사 원형 뒤에 위치시켜 질문에 답해 봅시다.

> **보기**
>
> ¿Vas a comprar la rosa? ➡ Sí, voy a comprarla.

a. ¿Vas a comprar el coche?

➡ Sí, _____

b. ¿Vas a comprar la casa?

➡ No, _____

c. ¿Vas a esperarme?

➡ Sí, _____

d. ¿Vas a esperarlas?

➡ Sí, _____

❸ 오늘 배운 표현들을 직접 작문해 봅시다.

    a. 나는 그녀에게 Carlos를 소개하고 싶다.

    ➡ _____

    b. 나는 일찍 잠자리에 들고 싶다.

    ➡ _____

    c. Laura는 늦게 결혼하고 싶어한다.

    ➡ _____

❹ 제시된 단어를 이용해 직접 작문해 봅시다.

> presenter 소개하다 | esperar 기다리다 | casarse 결혼하다

    a. 나는 너에게 소개해 줄 것이다.   ➡ _____

    b. 나는 결혼할 것이다.   ➡ _____

    c. 나는 그를 기다릴 것이다.   ➡ _____

    d. 나는 너를 기다릴 것이다.   ➡ _____

오늘 꼭 기억해 두어야 할 문장! 완전히 내 것으로 만들어 봐요.

❶ Te amo.
❷ Quiero presentarle a Carlos.
❸ Quiero acostarme temprano.
❹ Yessi quiere casarse tarde.

정답

1   a. me / b. te / c. le / d. nos / e. os / f. se

2   a. voy a comprarlo. / b. no voy a comprarla. / c. voy a esperarte. / d. voy a esperarlas.

3   a. Quiero presentarle a Carlos. / b. Quiero acostarme temprano. / c. Laura quiere casarse tarde.

4   a. Voy a presentarte. = Te voy a presentar. / b. Voy a casarme. = Me voy a casar. / c. Voy a esperarlo. = Lo voy
a esperar. / d. Voy a esperarte. = Te voy a esperar.

1 ¿A qué hora te levantas?

2 Normalmente me levanto temprano.

3 ¿Cómo te llamas?

4 Me acuesto a las once.

5 Quiero acostarme temprano.

6 Me voy.

7 Me caso con Daniel.

8 Quiero casarme con Daniel.

9 Voy a casarme con Daniel.

10 Te amo.

11 Quiero presentarle a Carlos.

12 Quiero acostarme temprano.

쉬어 가기

스페인어를 사용하는 중남미 국가 1탄,
도미니카공화국(República Dominicana)

▲ 메렝게를 즐기는 사람들

위치 | 중부 카리브해 앤틸리스(Antilles) 제도의 히스파니올라(Hispaniola)섬 동부

시차 | 13시간 느림(한국 기준)

화폐 | 도미니카 페소(Peso Dominicano)

인구 | 1,063만 명

수도 | 산토도밍고(Santo Domingo)

주요도시 | 푼타 카나(Punta cana), 푸에르토플라타(Puerto Plata)

특징 | 중남미를 대표하는 라틴 음악인 '메렝게(Merengue)'는 도미니카공화국 농부들의 노동요에서 시작해 원주민 문화와 유럽, 아프리카 문화가 혼합되어 탄생했습니다. 이는 4분의 2박자로 구성된 경쾌하고 밝은 선율의 음악으로, 둘째 마디 후반에 등장하는 타악기 연주가 특징인데요. 도미니카공화국에서 메렝게가 등장한 것은 1850년대부터지만, 독재자 트루히요(Rafael Trujillo) 대통령이 자신을 찬양하는 내용이 담긴 메렝게 곡을 작곡하도록 하면서 대중음악이 되었습니다. 이 때부터 메렝게는 지역 음악에서 벗어나 전국적으로 유행하게 되었지요. 메렝게는 상업 음악으로서 1970년대 미국 이민 붐을 타고 뉴욕에 새로운 기반을 형성하고, 이후 미국 내 라틴 음악의 유행과 더불어 세계적인 인기를 얻게 됩니다. 1990년대 중반에 탱고, 살사 등과 같은 다양한 라틴 음악이 등장하면서 메렝게의 인기가 예전만 못하지만, 지금도 도미니카공화국 사람들에게는 매우 중요한 음악이니 한번 들어 보세요!

02

창문을 닫지 마!

핵심
학습 명령형 학습하기

¡Aprende español!

스페인어를 배워!

 **학습
목표** 이번 시간에는 규칙 명령형을 배워 봅시다.

**학습
단어** cocinar 요리하다 | mirar 바라보다 | disfrutar 즐기다 | ojo m. 눈 | aprender
배우다 | nunca 절대

STEP 1 지난 시간 복습

잠깐! 다시 떠올려 볼까요?

❶ 직접·간접목적격 대명사와 재귀대명사의 형태

a. 직접목적격 대명사 (~을/를)

나를	me	우리들을	nos
너를	te	너희들을	os
그를 그녀를 당신을 그것을	lo la	그들을 그녀들을 당신들을 그것들을	los las

b. 간접목적격 대명사 (~에게)

나에게	me	우리들에게	nos
너에게	te	너희들에게	os
그에게 그녀에게 당신에게	le	그들에게 그녀들에게 당신들에게	les

c. 재귀대명사 'se' (스스로)

나 (스스로)	me	우리들 (스스로)	nos
너 (스스로)	te	너희들 (스스로)	os
그 (스스로) 그녀 (스스로) 당신 (스스로)	se	그들 (스스로) 그녀들 (스스로) 당신들 (스스로)	se

TIP 'se'는 재귀대명사의 역할을 할 뿐만 아니라, 강조의 역할을 하는 등 다양하게 쓰입니다.

❷ 직접·간접목적격 대명사와 재귀대명사의 형태

a. 변형 동사 '앞'에 온다.

✔ 나는 너를 사랑한다. ➡ **Te** amo.

b. 동사 원형이 올 경우, 동사 '앞' 혹은 동사 원형 '뒤'에 온다.

✔ 나는 너를 기다릴 것이다. ➡ **Te** voy a esperar. = Voy a esperar**te**.

❸ 지난 강의 주요 표현

✔ 나는 그를 사랑한다.   ➡ **Lo** amo.

✔ 나는 너희들에게 정우성을 소개한다.   ➡ **Os** presento a 정우성.

✔ 내 이름은 Yessi다.   ➡ **Me** llamo Yessi.

✔ 나는 그들을 기다릴 것이다.

  ➡ **Los** voy a esperar. = Voy a esperar**los**.

✔ 나는 너에게 우리 아들을 소개하고 싶다.

  ➡ **Te** quiero presentar a mi hijo. = Quiero presentar**te** a mi hijo.

✔ 나는 너에게 소개할 거야.

  ➡ Voy a presentarte.

✔ 너는 일찍 일어날 거야?

  ➡ ¿**Te** vas a levantar temprano? = ¿Vas a levantar**te** temprano?

✔ 나는 결혼하고 싶어.

  ➡ Quiero casarme.

오늘도 하나씩 쌓아 가기!

오늘의 표현과 단어를 하나씩 쌓고, 밑줄 포인트를 익혀 봅시다.

① 오늘의 표현

✔ 더 큰 사이즈 있나요?   ➡ ¿Tiene una talla más grande?

✔ 더 작은 사이즈 있나요?   ➡ ¿Tiene una talla más pequeña?

TIP 사이즈 ➝ la talla

② 오늘의 단어

✔ 요리하다   ➡ cocinar

✔ 바라보다   ➡ mirar

✔ 즐기다   ➡ disfrutar

✔ 눈   ➡ los ojos

✔ ~하는 것을 배우다   ➡ aprender + a + 동사 원형

✔ 더 이상 ~ 않다   ➡ no 동사 más

✔ 절대 ~ 않다   ➡ nunca + 동사

③ 오늘의 밑줄 긋기

◆ '눈'을 뜻하는 단어 'ojo'는 보통 복수 형태인 'los ojos'로 쓰입니다. 또한 '¡ojo!'라는 표현은 '주의!, 집중!'
이라는 뉘앙스로 쓰인다는 점도 함께 기억해 주세요!

오늘의 학습

오늘은 무엇을 배워 볼까요?

➊ 오늘의 핵심 포인트

'¡Bésame mucho!'는 스페인어 노래의 유명한 가사입니다. 여기서 'Bésame'는 'besar 키스하다' 동사의 명령형입니다. 아직 어렵다고요? 지금부터 차근차근 배워 보겠습니다. 오늘은 명령형 중에서도 'tú'와 'usted'에 대한 규칙 명령형을 중심으로 학습해 봅시다.

➋ tú 긍정 명령형 - ~해!

a. -ar 동사

✔ 마시다   → tomar

✔ 마셔!   → ¡Toma!

✔ 떼낄라를 마셔!   → ¡Toma tequila!

✔ 물을 마셔!   → ¡Toma agua!

✔ 춤춰!   → ¡Baila!

✔ 탱고를 춰!   → ¡Baila tango!

✔ 노래해!   → ¡Canta!

✔ 말해!   → ¡Habla!

✔ 일해!   → ¡Trabaja!

✔ 열심히 일해!   → ¡Trabaja mucho!

✔ 공부해!   → ¡Estudia!

✔ 여행해!   → ¡Viaja!

✔ 스페인을 여행해!   → ¡Viaja por España!

b. -er 동사

✔ 먹다 → comer

✔ 먹어! → ¡Come!

✔ 이거 먹어! → ¡Come esto!

✔ 빠에야를 먹어! → ¡Come paella!

✔ 배워! → ¡Aprende!

✔ 스페인어를 배워! → ¡Aprende español!

✔ 팔아! → ¡Vende!

✔ 커피를 팔아! → ¡Vende café!

c. -ir 동사

✔ 열다 → abrir

✔ 열어! → ¡Abre!

✔ 창문을 열어! → ¡Abre la ventana!

✔ 문을 열어! → ¡Abre la puerta!

✔ 살아! → ¡Vive!

✔ 서울에서 살아! → ¡Vive en Seúl!

✔ 적어! → ¡Escribe!

✔ 무언가를 적어! → ¡Escribe algo!

d. 응용

'tú'에 대한 긍정 명령형을 활용하여 문장을 말해 봅시다.

✔ 기다려! → ¡Espera!

✔ 잠시만 기다려! → ¡Espera un rato!

✔ 돈을 벌어! → ¡Gana dinero!

✔ 스페인어를 공부해! → ¡Estudia español!

✔ 많은 과일을 먹어! → ¡Come mucha fruta!

✔ 해산물을 먹어! → ¡Come mariscos!

✔ 수영하는 것을 배워! → ¡Aprende a nadar!

✔ 춤추는 것을 배워! → ¡Aprende a bailar!

✔ 눈을 떠! → ¡Abre los ojos!

✔ 행복하게 살아! → ¡Vive felizmente!

✔ 여행하면서 살아! → ¡Vive viajando!

✔ 노래하면서 살아! → ¡Vive cantando!

❸ tú 부정 명령형 - ~하지 마!

a. -ar 동사

✔ 마셔! → ¡Toma!

✔ 마시지 마! → ¡No tomes!

✔ 떼낄라를 마시지 마! → ¡No tomes tequila!

✔ 커피를 마시지 마! → ¡No tomes café!

✔ 차 마시지 마! → ¡No tomes té!

✔ 춤추지 마! → ¡No bailes!

✔ 노래하지 마! → ¡No cantes!

b. -er 동사

✔ 먹어! → ¡Come!

✔ 먹지 마! → ¡No comas!

✔ 많이 먹지 마!   ➡ ¡No comas mucho!

✔ 해산물 먹지 마!   ➡ ¡No comas mariscos!

✔ 타코 먹지 마!   ➡ ¡No comas tacos!

✔ 한국어를 배우지 마!   ➡ ¡No aprendas coreano!

c. -ir 동사

✔ 열어!   ➡ ¡Abre!

✔ 열지 마!   ➡ ¡No abras!

✔ 눈 뜨지 마!   ➡ ¡No abras los ojos!

✔ 창문을 열지 마!   ➡ ¡No abras la ventana!

✔ 적지 마!   ➡ ¡No escribas!

✔ 아무것도 적지 마!   ➡ ¡No escribas nada!

d. 응용

'tú'에 대한 긍정·부정 명령형을 활용하여 문장을 말해 봅시다.

✔ 더 공부하지 마!   ➡ ¡No estudies más!

✔ 네 방에서 쉬어!   ➡ ¡Descansa en tu habitación!

✔ 절대 노래 부르지 마!   ➡ ¡Nunca cantes!

✔ 책상 위에서 춤추지 마!   ➡ ¡No bailes encima de la mesa!

✔ 절대 요리하지 마!   ➡ ¡Nunca cocines!

✔ 내 집에서 담배 피우지 마!   ➡ ¡No fumes en mi casa!

✔ 창문을 열어!   ➡ ¡Abre la ventana!

4 usted 긍정 명령형 – ~하세요

a. -ar 동사

✔ 마셔!   ➡ ¡Toma!

✔ 마시세요!   ➡ ¡Tome!

✔ 물 마시세요!   ➡ ¡Tome agua!

TIP 'usted'에 대한 부정 명령 형태는 'No tome 마시지 마세요'라고 하면 됩니다.

✔ 말씀하세요!   ➡ ¡Hable!

✔ 춤추세요!   ➡ ¡Baile!

✔ 노래하세요!   ➡ ¡Cante!

✔ 춤추지 마세요!   ➡ ¡No baile!

✔ 노래하지 마세요! ➡ ¡No cante!

b. -er 동사

✔ 먹어   ➡ ¡Come!

✔ 먹으세요!   ➡ ¡Coma!

TIP 'usted'에 대한 부정 명령 형태는 'No coma 먹지 마세요'라고 하면 됩니다.

✔ 이것을 먹으세요!   ➡ ¡Coma esto!

✔ 많은 과일을 먹으세요!   ➡ ¡Coma mucha fruta!

✔ 이것을 먹지 마세요!   ➡ ¡No coma esto!

✔ 많은 과일을 먹지 마세요! ➡ ¡No coma mucha fruta!

c. -ir 동사

✔ 열어!   ➡ ¡Abre!

✔ 여세요!   ➡ ¡Abra!

TIP 'usted'에 대한 부정 명령 형태는 'No abra 열지 마세요'라고 하면 됩니다.

✔ 창문을 여세요!	➡ ¡Abra la ventana!
✔ 무언가를 적으세요!	➡ ¡Escriba algo!
✔ 창문을 열지 마세요!	➡ ¡No abra la ventana!
✔ 아무것도 적지 마세요!	➡ ¡No escriba nada!

⑤ vosotros / ustedes 명령형

'vosotros 너희들', 'ustedes 당신들'에 해당하는 규칙 명령형도 함께 배워 봅시다.

	tomar	comer	abrir
vosotros 긍정 명령형	(너희들) 마셔! ¡Tomad!	(너희들) 먹어! ¡Comed!	(너희들) 열어! ¡Abrid!
vosotros 부정 명령형	(너희들) 마시지 마! ¡No toméis!	(너희들) 먹지 마! ¡No comáis!	(너희들) 열지 마! ¡No abráis!

	tomar	comer	abrir
ustedes 긍정 명령형	(당신들) 마시세요! ¡Tomen!	(당신들) 먹으세요! ¡Coman!	(당신들) 여세요! ¡Abran!
ustedes 부정 명령형	(당신들) 마시지 마세요! ¡No tomen!	(당신들) 먹지 마세요! ¡No coman!	(당신들) 열지 마세요! ¡No abran!

TIP 큰 소리로 여러 번 반복해서 읽어 주세요!

⑥ 노래로 배우는 명령형

🎵 ¡Oye! ¡Abre tus ojos! 야! 눈을 떠!

🎵 ¡Mira hacia arriba! 위를 봐!

🎵 ¡Disfruta las cosas buenas que tiene la vida! 인생이 가지고 있는 좋은 것들을 즐겨!

TIP 바라보다 → mirar / 위를 향해 → hacia arriba / 즐기다 → disfrutar / 것, 사물 → la cosa / 인생 → la vida

연습 문제

오늘 배운 내용을 완전히 내 것으로 만들어 봐요!

❶ 인칭대명사에 알맞은 bailar 동사의 긍정 명령형을 적어 봅시다.

bailar

a. Tú

b. Usted

c. Vosotros/as

d. Ustedes / Ellos / Ellas

❷ 다음 명령형을 부정 형태로 바꿔 봅시다.

a. ¡Abre! (열어!) ➡ _____ (열지 마!)

b. ¡Toma! (마셔!) ➡ _____ (마시지 마!)

c. ¡Canta! (노래해!) ➡ _____ (노래하지 마!)

d. Come! (먹어!) ➡ _____ (먹지 마!)

❸ 괄호를 참고하여 오늘 배운 표현들을 직접 작문해 봅시다.

a. (tú) 돈을 벌어!

➡ _____

b. (tú) 눈을 떠!

➡ _____

c. (vosotros) 많은 과일을 먹어!

➡ _____

d. (usted) 많은 물을 마시세요!

➡ _____

④ 제시된 단어를 이용해 직접 작문해 봅시다.

> cocinar 요리하다 | nunca 결코, 절대 (~ 아니다) | aprender 배우다 |
> no + 동사 + más 더 이상 ~ 않다 | escribir 적다, 쓰다

a. 요리해! ➡ _____

b. 절대 요리하지 마! ➡ _____

c. 스페인어 배워! ➡ _____

d. 더 이상 스페인어 배우지 마! ➡ _____

e. 아무것도 적지 마! ➡ _____

오늘 꼭 기억해 두어야 할 문장! 완전히 내 것으로 만들어 봐요.

① ¡Gana dinero!

② ¡Abre los ojos!

③ ¡Comed mucha fruta!

④ ¡Tome mucha agua!

⑤ ¡Estudia español!

정답

1 a. baila / b. baile / c. bailad / d. bailen

2 a. ¡No abras! / b. ¡No tomes! / c. ¡No cantes! / d. ¡No comas!

3 a. ¡Gana dinero! / b. ¡Abre los ojos! / c. ¡Comed mucha fruta! / d. ¡Tome mucha agua!

4 a. ¡Cocina! / b. ¡Nunca cocines! / c. ¡Aprende español! / d. ¡No aprendas español más! / e. ¡No escribas nada!

Capítulo
06

¡No cierres la ventana!

창문을 닫지 마!

학습 목표 이번 강의에서는 명령형의 불규칙 변화 형태를 배워 봅시다.

학습 단어 **probarse** 입어 보다 | **cerrar** 닫다 | **amar** 사랑하다 | **besar** 키스하다

STEP 1 지난 시간 복습

잠깐! 다시 떠올려 볼까요?

① 명령형 규칙 변화 형태

지난 시간에 학습한 'tú'와 'usted'에 대한 명령형 규칙 형태를 복습해 봅시다.

	tomar	comer	abrir
tú 긍정 명령형	마셔! ¡Toma!	먹어! ¡Come!	열어! ¡Abre!
tú 부정 명령형	마시지 마! ¡No tomes!	먹지 마! ¡No comas!	열지 마! ¡No abras!

	tomar	comer	abrir
usted 긍정 명령형	마시세요! ¡Tome!	먹으세요! ¡Coma!	여세요! ¡Abra!
usted 부정 명령형	마시지 마세요! ¡No tome!	먹지 마세요! ¡No coma!	열지 마세요! ¡No abra!

② 지난 강의 주요 표현

- ✔ 떼낄라를 마셔!   → ¡Toma tequila!

- ✔ 커피를 마시지 마!   → ¡No tomes café!

- ✔ 이것을 먹으세요!   → ¡Coma esto!

- ✔ 이것을 먹지 마세요!   → ¡No coma esto!

- ✔ 무언가를 적어!   → ¡Escribe algo!

- ✔ 아무것도 적지 마!   → ¡No escribas nada!

오늘도 하나씩 쌓아 가기!

오늘의 표현과 단어를 하나씩 쌓고, 밑줄 포인트를 익혀 봅시다.

❶ 오늘의 핵심 포인트

✔ (그것을) 제가 입어 봐도 될까요? → ¿Puedo probármelo?

TIP 입어 보다 → probarse

❷ 오늘의 단어

✔ 닫다　　　 → cerrar

✔ 사랑하다　 → amar

✔ 키스하다　 → besar

❸ 오늘의 밑줄 긋기

◆ '키스하다'의 명사 형태는 'beso'입니다. 친구들끼리 보내는 이메일이나 편지 끝부분에 친근하게 인사하는 표현으로 'un beso', 혹은 'besos'를 쓰기도 합니다. 기억해 두었다가 한번 사용해 보세요!

오늘의 학습

오늘은 무엇을 배워 볼까요?

❶ 오늘의 핵심 포인트

지난 시간에는 'tú'와 'usted'에 대한 명령형 규칙 변화 형태에 대해서 배웠습니다. 조금씩 '¡Bésa
-me mucho!'가 만들어진 원리에 가까워지고 있습니다. 이번 시간에는 명령형의 불규칙 변화 형태
와 명령형과 대명사를 함께 사용하는 법에 대하여 학습하겠습니다. 먼저 'amar 사랑하다', 'besar 키
스하다' 동사를 활용하여 'tú'에 대한 명령형 규칙 변화 형태를 한 번 더 복습해 봅시다.

✔ 사랑해!   ➡ ¡Ama!

✔ 사랑하지 마!   ➡ ¡No ames!

✔ 키스해!   ➡ ¡Besa!

✔ 키스하지 마!   ➡ ¡No beses!

❷ 명령형과 대명사의 활용 - '나를 사랑해 줘!'

명령형에서 '나를'과 같은 대명사의 위치는 긍정 명령일 때에는 동사의 뒤에, 부정 명령일 때에는 'no'
와 동사 사이에 위치합니다.

amar	나를 사랑해 줘!	¡Ámame!
	나를 사랑하지 마!	¡No me ames!
besar	나에게 키스해 줘!	¡Bésame!
	나에게 키스하지 마!	¡No me beses!

TIP 대명사가 긍정 명령 뒤에 위치할 때에는 'ama', 'besa'의 원래 강세 자리에 강세 부호(´)를 붙입니다.

[dar 동사]

dar 동사를 활용하여 '~을 줘!, ~을 주세요!'를 연습해 봅시다.

dar	줘!	¡Da!
	나에게 줘!	¡Dame!
	주세요!	¡Dé!
	나에게 주세요!	¡Deme!

✔ 나에게 책 한 권을 줘!   ➡ ¡Dame un libro!

✔ 나에게 물을 주세요!   ➡ ¡Deme agua!

✔ 나에게 오렌지주스 한 잔을 주세요!   ➡ ¡Deme un zumo de naranja!

TIP 문장 뒤에 'por favor'를 함께 말하셔도 좋습니다.

❸ 명령형 불규칙 변화 형태

대표적으로 동사 'llegar 도착하다', 'cerrar 닫다', 'venir 오다', 'ir 가다'의 'tú'와 'usted'에 대한 명령형 불규칙 변화 형태를 배워 보겠습니다.

a. llegar 동사

llegar 도착하다	
tú 긍정 명령형	도착해! ¡Llega!
tú 부정 명령형	도착하지 마! ¡No lle**gues**!
usted 긍정 명령형	도착하세요! ¡Lle**gue**!
usted 부정 명령형	도착하지 마세요! ¡No lle**gue**!

TIP llegar 동사는 발음상의 이유로 불규칙 형태를 가집니다.

✔ 일찍 도착해!   ➡ ¡Llega temprano!

✔ 늦게 도착하지 마!   ➡ ¡No llegues tarde!

b. cerrar 동사

cerrar 닫다	
tú 긍정 명령형	닫아! ¡C**ie**rra!
tú 부정 명령형	닫지 마! ¡No c**ie**rres!
usted 긍정 명령형	닫으세요! ¡C**ie**rre!
usted 부정 명령형	닫지 마세요! ¡No c**ie**rre!

TIP cerrar 동사는 현재시제일 때 'e → ie'로 바뀌는 불규칙 형태를 가집니다. 이는 명령형을 만들 때에도 유지되는 규칙입니다.

✔ 문을 닫아!   ➡ ¡Cierra la puerta!

✔ 창문을 닫지 마!   ➡ ¡No cierres la ventana!

✔ 눈 감아!   ➡ ¡Cierra los ojos!

✔ 눈 감지 마!   ➡ ¡No cierres los ojos!

c. venir 동사

venir 오다	
tú 긍정 명령형	와! ¡Ven!
tú 부정 명령형	오지 마! ¡No vengas!
usted 긍정 명령형	오세요! ¡Venga!
usted 부정 명령형	오지 마세요! ¡No venga!

TIP tener 동사와 salir 동사도 venir 동사와 비슷한 형태로 변화합니다.

✔ 이리 와!   ➡ ¡Ven aquí!

✔ 여기 오지 마!   ➡ ¡No vengas aquí!

✔ 늦게 오지 마!   ➡ ¡No vengas tarde!

d. 'ir 가다' 동사

irse 가 버리다 / 떠나다	
tú 긍정 명령형	가! ¡Vete!
tú 부정 명령형	가지 마! ¡No **te** vayas!
usted 긍정 명령형	가세요! ¡Váya**se**!
usted 부정 명령형	가지 마세요! ¡No **se** vaya!

TIP 재귀대명사 'se'의 경우에도 긍정 명령형일 때에는 동사 뒤에, 부정 명령형일 때에는 'no와 동사 사이'에 위치합니다.

연습 문제

오늘 배운 내용을 완전히 내 것으로 만들어 봐요!

❶ 인칭대명사에 알맞은 venir 동사의 명령형을 적어 봅시다.

venir

a. Tú (긍정 명령형)

b. Usted (부정 명령형)

c. Vosotros/as (긍정 명령형)

d. Ustedes / Ellos / Ellas (부정 명령형)

❷ 보기를 참고하여 조건에 맞게 문장을 만들어 봅시다.

> 보기
>
> 닫지 마! (tú, cerrar, 부정 명령형) ➡ ¡No cierres!

a. 닫아! (tú, cerrar, 긍정 명령형)

➡ _____

b. 가지 마세요! (usted, irse, 부정 명령형)

➡ _____

c. 와! (tú, venir, 긍정 명령형)

➡ _____

d. 주세요! (usted, dar, 긍정 명령형)

➡ _____

❸ 괄호를 참고하여 오늘 배운 표현들을 직접 작문해 봅시다.

a. (tú) 여기 오지 마!

➡ _____

b. (tú) 나에게 키스해 줘!

→ _____

c. (usted) 나에게 물을 주세요!

→ _____

d. (usted) 가지 마세요!

→ _____

④ **제시된 단어를 이용해 직접 작문해 봅시다.**

amar 사랑하다 | besar 키스하다

a. 나를 사랑하지 마!　　　　→ _____

b. 나를 사랑해 줘!　　　　　→ _____

c. 나에게 키스하지 마!　　　→ _____

d. 나에게 키스해 줘!　　　　→ _____

오늘 꼭 기억해 두어야 할 문장! 완전히 내 것으로 만들어 봐요.

❶ ¡No vengas aquí!

❷ ¡Bésame!

❸ ¡Deme agua!

정답

1　a. ¡Ven! / b. ¡No venga! / c. ¡Venid! / d. ¡No vengan!

2　a. ¡Cierra! / b. ¡No se vaya! / c. ¡Ven! / d. ¡Dé!

3　a. ¡No vengas aquí! / b. ¡Bésame! / c. ¡Deme agua! / d. ¡No se vaya!

4　a. ¡No me ames! / b. ¡Ámame! / c. ¡No me beses! / d. ¡Bésame!

Capítulo
07

Tengo que comer poco.

나는 적게 먹어야 합니다.

지난 시간 복습

잠깐! 다시 떠올려 볼까요?

❶ 명령형과 대명사의 활용

지난 시간에는 명령형과 대명사를 함께 활용하여 말해 보았습니다. 직접·간접목적격 대명사 및 재귀 대명사가 명령형과 함께 쓰일 때에는 긍정 명령형 뒤에, 부정 명령형일 때에는 'no와 동사 사이'에 위치합니다.

amar	나를 사랑해 줘!	¡Áma**me**!
	나를 사랑하지 마!	¡No **me** ames!

❷ 명령형 불규칙 변화 형태

지난 시간에 학습한 'llegar 도착하다', 'cerrar 닫다', 'venir 오다', 'irse 가 버리다' 동사의 'tú'에 대한 불규칙 명령형을 복습해 봅시다.

	llegar	cerrar	venir	irse
tú 긍정 명령형	도착해! ¡Llega!	닫아! ¡Cierra!	와! ¡Ven!	가! ¡Vete!
tú 부정 명령형	도착하지 마! ¡No llegues!	닫지 마! ¡No cierres!	오지 마! ¡No vengas!	가지 마! ¡No te vayas!

❸ 지난 강의 주요 표현

다이얼로그를 통해 명령형을 한 번 더 복습해 봅시다.

Papá: ¿Qué has hecho hoy?

Yessi: He estudiado en la biblioteca. ¿Qué haces, papá?

Papá: Estoy trabajando. ¡Hija! Hoy no llegues tarde a casa. ¡Ven temprano!

Hoy es el cumpleaños de mamá.

Yessi: ¡Ahora voy a casa!

Papá: 오늘 뭐 했어?

Yessi: 저는 도서관에서 공부했어요. 아빠는 뭐 해요?

Papá: 일하고 있어. 딸! 오늘은 집에 늦게 도착하지 마! 일찍 와!

오늘은 엄마 생일이야.

Yessi: 지금 집에 가요!

오늘도 하나씩 쌓아 가기!

오늘의 표현과 단어를 하나씩 쌓고, 밑줄 포인트를 익혀 봅시다.

① 오늘의 표현

✔ 탈의실이 어디에 있나요? → ¿Dónde están los probadores?

TIP 탈의실 → el probador

② 오늘의 단어

✔ 도서관 → la biblioteca

✔ 아들, 딸 → el hijo, la hija

✔ 늦게 → tarde

✔ 일찍 → temprano

✔ 생일 → el cumpleaños

✔ 잘 → bien

③ 오늘의 밑줄 긋기

◆ 이전 챕터에서 배웠던 'probarse 입어 보다'라는 동사, 기억하시나요? 이 동사가 명사형으로 바뀌면 'probador'이 되는데, 이는 '탈의실'이라는 뜻을 갖습니다. 기억해 주세요!

STEP 2 오늘의 학습

오늘은 무엇을 배워 볼까요?

① 오늘의 핵심 포인트

이번 시간에는 'mucho / poco', 'muy', 'más / menos'의 쓰임을 정리해 봅시다.

② mucho / poco

a. 많은 ~ / 적은 ~

'mucho'와 'poco'가 명사 앞에 위치하여 '많은 ~', '적은 ~'의 의미로 사용될 때, 명사의 성수에 맞춰 줍니다.

	많은 돈 mucho dinero	많은 물 mucha agua
mucho + 명사	많은 (남자) 친구들 muchos amigos	많은 (여자) 친구들 muchas amigas

	적은 돈 poco dinero	적은 물 poca agua
poco + 명사	적은 (남자) 친구들 pocos amigos	적은 (여자) 친구들 pocas amigas

✔ 나는 많은 (남자) 친구들을 가지고 있다. ➡ Tengo muchos amigos.

✔ 나는 적은 돈을 가지고 있다. ➡ Tengo poco dinero.

b. 많이, 적게

'mucho'와 'poco'가 동사를 꾸며 줄 때 '많이, 적게'라고 해석될 수 있습니다. 이 경우에는 형태 변화가 없습니다.

동사 + mucho/poco	많이 먹다 → comer mucho 적게 먹다 → comer poco
✔ 많이 마시다.	➡ Tomar mucho.
✔ 많이 말하다.	➡ Hablar mucho.
✔ 많이 공부하다.	➡ Estudiar mucho.
✔ 적게 마시다.	➡ Tomar poco.
✔ 적게 공부하다.	➡ Estudiar poco.
✔ 적게 일하다.	➡ Trabajar poco.
✔ 너는 많이 먹어야 한다.	➡ Tienes que comer mucho.
✔ 나는 적게 먹어야 한다.	➡ Tengo que comer poco.
✔ 잘 먹다.	➡ Comer bien.
✔ 수영을 잘하다.	➡ Nadar bien.
✔ 노래를 잘한다.	➡ Cantar bien.
✔ 춤을 잘 춘다.	➡ Bailar bien.

❸ muy - 매우

muy + 형용사	매우 잘생긴 → muy guapo
	매우 중요한 → muy importante
muy + 부사	매우 일찍 → muy temprano

✔ Daniel은 매우 친절하다.	→ Daniel es muy amable.
✔ 이 책은 매우 흥미롭다.	→ Este libro es muy interesante.
✔ 나는 매우 늦게 일어난다.	→ Me levanto muy tarde.
✔ Daniel은 매우 일찍 도착한다.	→ Daniel llega muy temprano.

④ **más / menos - 더 / 덜**

más / menos + 형용사	더 예쁜 → más guapa	덜 예쁜 → menos guapa
más / menos + 부사	더 일찍 → más temprano	덜 일찍 → menos temprano
동사 + más / menos	더 먹다 → comer más	덜 먹다 → comer menos

✔ 나는 너보다 더 예쁘다.	→ Soy más guapa que tú.
✔ 나는 더 일찍 일어나야 한다.	→ Tengo que levantarme más temprano.
✔ 나는 더 먹어야 한다.	→ Tengo que comer más.
✔ 나는 덜 먹어야 한다.	→ Tengo que comer menos.

[bueno와 malo]

🖐 **여기서 잠깐!**

2탄에서 'más'와 'menos'를 활용하여 비교급 및 최상급 표현을 배웠던 것 기억하시나요? 그 중에서 불규칙 형태인 'bueno/a', 'malo/a'를 다시 한 번 더 복습해 봅시다.

a. bueno-mejor

좋은	더 좋은
bueno/a	mejor
buenos/buenas	mejores

TIP 'mejor'는 성 구분이 없습니다.

✔ 내 책이 더 좋다.　　　　　　　→ Mi libro es mejor.

✔ 내 집이 더 좋다.　　　　　　　→ Mi casa es mejor.

✔ 내 책들이 더 좋다.　　　　　　→ Mis libros son mejores.

✔ 내 집들이 더 좋다.　　　　　　→ Mis casas son mejores.

최상급을 표현할 때에는 정관사(el, los, la, las)를 활용합니다.

✔ 내 책이 가장 좋다.　　　　　　→ Mi libro es el mejor.

✔ 내 자동차가 가장 좋다.　　　　→ Mi coche es el mejor.

✔ 내 집이 가장 좋다.　　　　　　→ Mi casa es la mejor.

✔ 내 책들이 가장 좋다.　　　　　→ Mis libros son los mejores.

✔ 내 자동차들이 가장 좋다　　　→ Mis coches son los mejores.

✔ 내 집들이 가장 좋다.　　　　　→ Mis casas son las mejores.

b. malo-peor

나쁜	더 나쁜
malo/a	peor
malos/malas	peores

TIP 'peor'는 성 구분이 없습니다.

✔ 내 자동차가 더 나쁘다.(더 안 좋다.)   ➡ Mi coche es peor.

✔ 내 집이 더 안 좋다.   ➡ Mi casa es peor.

✔ 내 자동차들이 더 안 좋다.   ➡ Mis coches son peores.

✔ 내 집들이 더 안 좋다.   ➡ Mis casas son peores.

최상급을 표현할 때에는 정관사(el, los, la, las)를 활용합니다.

✔ 내 자동차가 가장 안 좋다.   ➡ Mi coche es el peor.

✔ 내 집이 가장 안 좋다.   ➡ Mi casa es la peor.

✔ 내 자동차들이 가장 안 좋다.   ➡ Mis coches son los peores.

✔ 내 집들이 가장 안 좋다.   ➡ Mis casas son las peores.

✏️ 따라 써 보기 | 한국어 해석을 보면서 스페인어를 써 보세요.

❶ 나는 적은 돈을 가지고 있다.

Tengo poco dinero.

❷ 너는 많이 먹어야 한다.

Tienes que comer mucho.

❸ 이 책은 매우 흥미롭다.

Este libro es muy interesante.

❹ 내 자동차들이 가장 좋다

Mis coches son los mejores.

오늘 배운 내용을 완전히 내 것으로 만들어 봐요!

❶ 'mucho', 'poco', 'muy', 'más', 'menos' 중 알맞은 비교급 형태를 골라 빈칸에 적어 봅시다.

a. 적은 돈 　　　　　　 dinero.

b. 덜 예쁜 　　　　　　 guapa.

c. 많은 물 　　　　　　 agua.

d. 매우 일찍 　　　　　　 temprano.

e. 더 늦게 　　　　　　 tarde.

❷ 나열된 단어를 순서대로 배열하여 문장을 만들어 봅시다.

a. 나는 많은 돈을 가지고 있다. (dinero / mucho / tengo)

➡ _____

b. 그녀는 적게 먹어야 한다. (ella / que / comer / tiene / poco)

➡ _____

c. 내 자동차가 가장 좋다. (mi / mejor / es / el / coche)

➡ _____

d. 내 집이 더 안 좋다. (mi / peor / casa / es)

➡ _____

❸ 오늘 배운 표현들을 직접 작문해 봅시다.

a. 내 집이 가장 좋다.

➡ _____

b. 너는 아주 잘 먹어야 한다.

➡ _____

c. 너는 더 일찍 와야 한다.

➡ _____

d. Daniel은 매우 늦게 일어난다.

➡ _____

e. 내 책이 더 좋다.

➡ _____

f. 내 자동차가 가장 안 좋다.

➡ _____

④ 제시된 단어를 이용해 직접 작문해 봅시다.

biblioteca f. 도서관 | muy 매우 | guapa 예쁜 |
bicicleta f. 자전거 | peor 더 나쁜 | estudiar 공부하다

a. 도서관은 매우 흥미롭다.   ➡ _____

b. 그녀는 매우 예쁘다.   ➡ _____

c. 나의 자전거가 더 안 좋다.   ➡ _____

d. 나는 더 공부해야 한다.   ➡ _____

오늘 꼭 기억해 두어야 할 문장! 완전히 내 것으로 만들어 봐요.

① Mi casa es la mejor.   ② Tienes que comer muy bien.
③ Tienes que venir más temprano.   ④ Daniel se lenvanta muy tarde.
⑤ Mi libro es mejor.   ⑥ Mi coche es el peor.

정답

1   a. poco / b. menos / c. mucha / d. muy / e. más

2   a. Tengo mucho dinero. / b. Ella tiene que comer poco. / c. Mi coche es el mejor. / d. Mi casa es peor.

3   a. Mi casa es la mejor. / b. Tienes que comer muy bien. / c. Tienes que venir más temprano. / d. Daniel se
     levanta muy tarde. / e. Mi libro es mejor. / f. Mi coche es el peor.

4   a. La biblioteca es muy interesante. / b. Ella es muy guapa. / c. Mi bicicleta es peor. / d. Tengo que estudiar
     más.

PARTE 02

주요 문장 한번 더 짚고 가기!

1 ¡Gana dinero!

2 ¡Abre los ojos!

3 ¡Tome mucha agua!

4 ¡Estudia español!

5 ¡No vengas aquí!

6 ¡Bésame!

7 ¡Deme agua!

8 Mi casa es la mejor.

9 Tienes que comer muy bien.

10 Tienes que venir más temprano.

11 Daniel se lenvanta muy tarde.

12 Mi libro es mejor.

13 Mi coche es el peor.

쉬어가기

스페인어를 사용하는 중남미 국가 2탄, 엘살바도르(El Salvador)

▲ 아파네카-일라마테펙(Apaneca-Ilamatepec)

위치 | 중앙아메리카 남서쪽

시차 | 15시간 느림(한국 기준)

화폐 | 달러(USD)

인구 | 634만 명

수도 | 산살바도르(San Salvador)

주요도시 | 누에바 산 살바도르(Nueva San Salvador), 산 미겔(San Miguel), 산타아나(Santa Ana)

특징 | 한국 사람들에게는 다소 낯선 엘살바도르는 지역적 특징이 아주 두드러지는 나라입니다. 이 곳은 중앙아메리카에서 가장 작은 나라로 국토의 90% 이상이 화산 활동으로 생겨났고, 날씨는 온화한 열대성 기후라 비가 자주 오고 습도가 높은 편인데요. 이러한 지리적 특성과 기후 때문에 커피를 생산하는 데 최적화된 토양을 갖고 있어요. 그래서 엘살바도르의 커피는 매우 유명하답니다. 엘살바도르의 원두 생산지 중 특히 아파네카-일라마테펙(Apaneca-Ilamatepec)은 길게 이어진 산맥에 커피 농장이 갖춰져 있는 엘살바도르 최대 커피 생산지입니다. 자주 일어나는 화산 활동 때문에 원두 재배가 어려울 때도 있지만, 이 곳의 커피는 각종 대회에서 우승할 만큼 품질이 좋기로 유명합니다. 오늘은 원산지가 엘살바도르인 커피 한 잔의 여유를 느껴 보는 건 어떨까요?

PARTE

03

내가 좋아하는
여자애는 Yessi야.

**핵심
학습** 관계대명사를 활용하여 문장 늘리기

Capítulo

08

La chica que me gusta es Yessi.

내가 좋아하는 여자애는 Yessi입니다.

 학습 목표 이번 강의에서는 관계대명사를 활용하여 '내가 좋아하는 여자애는 Yessi야, 내가 가고 싶은 나라는 스페인이야'와 같은 문장을 말해 봅시다.

 학습 단어 caro/a 비싼 | barato/a 싼 | país m. 나라 | escuela f. 학교 | coche m. 자동차 | casa f. 집 | vino m. 와인 | Alemania f. 독일

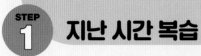

지난 시간 복습

잠깐! 다시 떠올려 볼까요?

① 'mucho / poco', 'muy', 'más / menos'

mucho poco	많은 책들	muchos libros
	적은 돈	poco dinero
	많이 먹다	comer mucho
	적게 먹다	comer poco
muy	매우 재미있는	muy divertido
	매우 일찍	muy temprano
más menos	더 예쁜	más guapa
	더 늦게	más tarde
	더 먹다	comer más

② 지난 강의 주요 표현

✔ 나는 많은 책들을 가지고 있다.   → Tengo muchos libros.

✔ 너는 적게 먹어야 한다.   → Tienes que comer poco.

✔ Juan은 매우 일찍 일어난다.   → Juan se levanta muy temprano.

✔ 내가 너보다 더 예쁘다.   → Soy más guapa que tú.

✔ Julia는 더 늦게 잠자리에 든다.   → Julla se acuesta más tarde.

✔ 너는 더 먹어야 한다.   → Tienes que comer más.

오늘도 하나씩 쌓아 가기!

오늘의 표현과 단어를 하나씩 쌓고, 밑줄 포인트를 익혀 봅시다.

❶ 오늘의 표현

✔ 이걸로 할게요. ➡ Me llevo esto.

TIP 1. (어떤 곳에서 다른 곳으로) 가지고 가다 → llevarse
　　 2. 쇼핑 중 물건을 골랐을 때, 'Me llevo esto'라고 말해 보세요.

❷ 오늘의 단어

✔ 비싼　　　　　➡ caro/a

✔ 싼　　　　　　➡ barato/a

✔ 나라　　　　　➡ el país

✔ 학교　　　　　➡ la escuela

✔ 이 자동차　　　➡ este coche

✔ 이 자동차들　　➡ estos coches

✔ 이 집　　　　　➡ esta casa

✔ 이 집들　　　　➡ estas casas

✔ 와인　　　　　➡ el vino

✔ 독일　　　　　➡ Alemania

❸ 오늘의 밑줄 긋기

◆ 와인은 크게 레드와인과 화이트와인 두 종류가 있죠? 스페인어로 레드와인은 'Vino tinto', 화이트와인은 'Vino blanco'라고 표현한다는 점, 기억해 주세요!

오늘의 학습

오늘은 무엇을 배워 볼까요?

① 오늘의 핵심 포인트

스페인어로 '나는 구입하고 싶다'는 'Quiero comprar'입니다. 그렇다면 '내가 구입하고 싶은 자동차'는 어떻게 표현할까요? 이번 시간에는 관계대명사를 활용하여 문장을 만들어 봅시다.

② 관계대명사 que 활용하기(1) - '내가 좋아하는 여자애'

✔ 나는 좋아한다. → Me gusta.

✔ 내가 좋아하는 → **que** me gusta

✔ (내가 좋아하는) 여자애 → la chica (que me gusta)

✔ 내가 좋아하는 남자애 → el chico que me gusta

✔ 내가 좋아하는 자동차 → el coche que me gusta

✔ 내가 좋아하는 책 → el libro que me gusta

✔ 내가 좋아하는 고양이 → el gato que me gusta

✔ 내가 좋아하는 (남자) 선생님 → el profesor que me gusta

✔ 내가 좋아하는 (여자) 선생님 → la profesora que me gusta

✔ 내가 좋아하는 테이블 → la mesa que me gusta

✔ 내가 좋아하는 여자애는 Yessi이다. → La chica que me gusta es Yessi.

✔ 내가 좋아하는 남자애는 Daniel이다. → El chico que me gusta es Daniel.

✔ 내가 좋아하는 자동차는 비싸다. → El coche que me gusta es caro.

✔ 내가 좋아하는 자동차는 싸다. → El coche que me gusta es barato.

❸ que 활용하기(2) - '내가 사고 싶은 자동차'

- ✔ 나는 사고 싶다.   → Quiero comprar.
- ✔ 내가 사고 싶은   → **que** quiero comprar
- ✔ (내가 사고 싶은) 자동차   → el coche (que quiero comprar)

- ✔ 내가 사고 싶은 와인   → el vino que quiero comprar
- ✔ 내가 사고 싶은 집   → la casa que quiero comprar
- ✔ 내가 보고 싶은 영화   → la película que quiero ver

- ✔ 내가 사고 싶은 자동차는 이것이다.   → El coche que quiero comprar es este.
- ✔ 내가 사고 싶은 집은 이것이다.   → La casa que quiero comprar es esta.
- ✔ 내가 보고 싶은 영화는 이것이다.   → La película que quiero ver es esta.

❹ donde 활용하기 - '내가 가고 싶은 나라'

- ✔ 나는 공부한다.   → Estudio.
- ✔ 내가 공부하는 학교   → la escuela **donde** estudio
- ✔ 내가 일하는 카페   → el café donde trabajo
- ✔ 내가 일하는 병원   → el hospital donde trabajo
- ✔ 내가 가고 싶은 나라   → el país donde quiero ir
- ✔ 내가 살고 싶은 나라   → el país donde quiero vivir

TIP 앞에 나오는 단어(la escuela, el café, el hospital, el país…)가 장소와 관련된 경우에는 'donde'를 많이 사용합니다.

- ✔ 내가 공부하는 학교는 반포에 있다.   → La escuela donde estudio está en 반포.
- ✔ 내가 일하는 카페는 명동에 있다.   → El café donde trabajo está en 명동.
- ✔ 내가 일하는 병원은 대학로에 있다.   → El hospital donde trabajo está en 대학로.

✔ 내가 가고 싶은 나라는 스페인이다.   ➡ El país donde quiero ir es España.

✔ 내가 살고 싶은 나라는 독일이다.   ➡ El país donde quiero vivir es Alemania.

✔ 학교 어디에 있는지 알아?
  ➡ ¿Sabes dónde está la escuela?

✔ 내가 일하는 학교 어디에 있는지 알아?
  ➡ ¿Sabes dónde está la escuela donde trabajo?

✔ 내가 일하는 병원 어디에 있는지 알아?
  ➡ ¿Sabes dónde está el hospital donde trabajo?

✎ 따라 써 보기 | 한국어 해석을 보면서 스페인어를 써 보세요.

1 내가 좋아하는 자동차

El coche que me gusta

2 내가 좋아하는 (여자) 선생님

La profesora que me gusta

3 내가 사고 싶은 자동차는 이것이다.

El coche que quiero comprar es este.

4 내가 보고 싶은 영화는 이것이다.

La película que quiero ver es esta.

5 내가 살고 싶은 나라

el país donde quiero vivir

연습 문제

오늘 배운 내용을 완전히 내 것으로 만들어 봐요!

❶ 빈칸에 관계대명사 'que' 혹은 'donde'를 넣어 문장을 완성해 봅시다.

a. 내가 좋아하는 고양이   el gato   me gusta

b. 내가 사고 싶은 와인   el vino   quiero comprar

c. 내가 공부하는 학교   la escuela   estudio

d. 내가 가고 싶은 나라   el país   quiero ir

❷ 나열된 단어를 순서대로 배열하여 문장을 만들어 봅시다.

a. 내가 가고 싶은 나라는 스페인이다.
(donde / ir / España / quiero / el / es / país)

➡ _____

b. 내가 보고 싶은 영화는 이것이다.
(la / quiero / es / esta / que / ver / película)

➡ _____

c. 내가 사고 싶은 집은 비싸다.
(casa / quiero / cara / la / comprar / es / que)

➡ _____

d. 내가 일하는 카페 어디에 있는지 알아?
(sabes / trabajo / donde / el / está / café / dónde)

➡ _____

❸ 오늘 배운 표현들을 직접 작문해 봅시다.

a. 내가 좋아하는 여자애는 Yessi이다.

➡ _____

b. 내가 사고 싶은 자동차는 이거야.

➡ _____

c. 내가 여행하고 싶은 나라는 스페인이다.

➡ _____

④ 제시된 단어를 이용해 직접 작문해 봅시다.

vino m. 와인 | café m. 카페 | casa f. 집 | barato/a 싼 | Alemania 독일

a. 내가 좋아하는 와인   ➡ _____

b. 내가 일하는 카페   ➡ _____

c. 내가 사고 싶은 집은 싸다.   ➡ _____

d. 내가 살고 싶은 나라는 독일이다. ➡ _____

오늘 꼭 기억해 두어야 할 문장! 완전히 내 것으로 만들어 봐요.

① La chica que me gusta es Yessi.

② El coche que quiero comprar es este.

③ El país donde quiero viajar es España.

정답

1 **a.** que / **b.** que / **c.** donde / **d.** donde

2 **a.** El país donde quiero ir es España. / **b.** La película que quiero ver es esta. / **c.** La casa que quiero comprar es cara. / **d.** ¿Sabes dónde está el café donde trabajo?

3 **a.** La chica que me gusta es Yessi. / **b.** El coche que quiero comprar es este. / **c.** El país donde quiero viajar es España.

4 **a.** el vino que me gusta / **b.** el café donde trabajo / **c.** La casa que quiero comprar es barata. / **d.** El país donde quiero vivir es Alemania.

La profesora que está allí es Yessi.

저기 있는 여자 선생님은 Yessi입니다.

학습 목표 이번 시간에는 저번 강의에 이어서 'que'를 활용하여 '저기 있는 여자애들은 한국 출신이야, 테이블 위에 있는 여자애는 Yessi야'와 같은 문장을 말해 보겠습니다.

학습 단어 **allí** 저기 | **hacer ejercicio** 운동하다 | **cocinar** 요리하다

지난 시간 복습

잠깐! 다시 떠올려 볼까요?

❶ que 활용하기 – '내가 좋아하는 여자 선생님'

- ✔ 내가 좋아하는 여자 선생님 → la profesora que me gusta

- ✔ 내가 사고 싶은 자동차 → el coche que quiero comprar

❷ donde 활용하기 – '내가 일하는 병원'

- ✔ 내가 일하는 병원 → el hospital donde trabajo

- ✔ 내가 여행하고 싶은 나라 → el país donde quiero viajar

❸ 지난 강의 주요 표현

- ✔ 내가 좋아하는 여자 선생님은 Yessi이다.
  - → La profesora que me gusta es Yessi.

- ✔ 내가 사고 싶은 자동차는 이것이다.
  - → El coche que quiero comprar este.

- ✔ 내가 일하는 병원은 반포에 있다.
  - → El hospital donde trabajo está en 반포.

- ✔ 내가 여행하고 싶은 나라는 스페인이다.
  - → El país donde quiero viajar es España.

오늘도 하나씩 쌓아 가기!

오늘의 표현과 단어를 하나씩 쌓고, 밑줄 포인트를 익혀 봅시다.

① 오늘의 표현

✔ 매우 비싸다! ➡ ¡Qué caro!

✔ 매우 싸다! ➡ ¡Qué barato!

② 오늘의 단어

✔ 저기 ➡ allí

✔ 운동하다 ➡ hacer ejercicio

✔ 요리하다 ➡ cocinar

③ 오늘의 밑줄 긋기

✎ '매우 비싸다, 매우 싸다'라는 표현에서 명사가 여성일 경우, '¡Qué caro!', '¡Qué barato!'가 아닌 '¡Qué cara', '¡Qué barata!'로 성수를 일치시킨다는 점, 유의해 주세요!

STEP 2 오늘의 학습

오늘은 무엇을 배워 볼까요?

① 오늘의 핵심 포인트

저번 시간에는 '내가 좋아하는 여자 선생님'과 같은 표현을 학습하였습니다. 이번 시간에는 'que'를 활용하여 '저기 있는 여자애, 테이블 위에 있는 남자애'와 같은 표현을 말해 봅시다.

② que 활용하기(1) – '저기 있는 여자애'

✔ 여자애는 저기 있다. → La chica está allí.

✔ (저기 있는) 여자애 → la chica (que está allí)

✔ 저기 있는 남자애 → el chico que está allí

✔ 저기 있는 여자 선생님 → la profesora que está allí

✔ 저기 있는 남자 선생님 → el profesor que está allí

✔ 저기 있는 여자애는 Yessi이다. → La chica que está allí es Yessi.

✔ 저기 있는 남자애는 Juan이다. → El chico que está allí es Juan.

✔ 저기 있는 여자 선생님은 Yessi이다. → La profesora que está allí es Yessi.

✔ 저기 있는 남자 선생님은 잘생겼다. → El profesor que está allí es guapo.

❸ que 활용하기(2) - '테이블 위에 있는 여자애'

✔ 여자애는 테이블 위에 있다.

    ➡ La chica está encima de la mesa.

✔ (테이블 위에 있는) 여자애

    ➡ la chica (que está encima de la mesa)

✔ 테이블 위에 있는 남자애

    ➡ el chico que está encima de la mesa

✔ 테이블 위에 있는 여자 선생님

    ➡ la profesora que está encima de la mesa

✔ 테이블 위에 있는 남자 선생님

    ➡ el profesor que está encima de la mesa

✔ 테이블 위에 있는 여자애는 Yessi이다.

    ➡ La chica que está encima de la mesa es Yessi.

✔ 테이블 위에 있는 남자애는 Adrián이다.

    ➡ El chico que está encima de la mesa es Adrián.

✔ 테이블 위에 있는 여자 선생님은 친절하다.

    ➡ La profesora que está encima de la mesa es amable.

✔ 테이블 위에 있는 남자 선생님은 활발하다.

    ➡ El profesor que está encima de la mesa es activo.

[응용]

✔ 테이블 위에 있는 한국 남자는 준수이다.

   ➡ El coreano que está encima de la mesa es 준수.

✔ 저기 있는 남자 선생님은 중국 출신이다.

   ➡ El profesor que está allí es de China.

✔ 테이블 위에 있는 여자 선생님은 한국 출신이다.

   ➡ La profesora que está encima de la mesa es de Corea.

✔ 저기 있는 남자애들은 한국 출신이다.

   ➡ Los chicos que están allí son de Corea.

✔ 저기 있는 여자애들은 멕시코 출신이다.

   ➡ Las chicas que están allí son de México.

✔ 테이블 위에 있는 남자애들은 활발하다.

   ➡ Los chicos que están encima de la mesa son activos.

④ que 활용하기(3) – '노래하고 있는 여자애'

✔ 여자애는 노래하고 있다.   ➡ La chica está cantando.

✔ 노래하고 있는 여자애   ➡ la chica que está cantando

✔ 요리하고 있는 여자애   ➡ la chica que está cocinando

✔ 담배 피우고 있는 남자애   ➡ el chico que está fumando

✔ 춤추고 있는 여자애   ➡ la chica que está bailando

✔ 커피 마시고 있는 여자애   ➡ la chica que está tomando café

✔ 노래하고 있는 여자애는 Yessi이다.

→ La chica que está cantando es Yessi.

✔ 담배 피우고 있는 남자애는 Juan이다.

→ El chico que está fumando es Juan.

✔ 빠에야를 먹고 있는 여자애는 Yessi이다.

→ La chica que está comiendo paella es Yessi.

✔ 운동을 하고 있는 여자애는 Adel이다.

→ La chica que está haciendo ejercicio es Adel.

✔ 요가를 하고 있는 여자애는 Lucía이다.

→ La chica que está haciendo yoga es Lucía.

✔ 춤추고 있는 남자애는 중국 출신이다.

→ El chico que está bailando es de China.

✔ 커피를 팔고 있는 남자애는 잘생겼다.

→ El chico que está vendiendo café es guapo.

✔ 커피를 팔고 있는 여자애는 예쁘다.

→ La chica que está vendiendo café es guapa.

✔ 춤추고 있는 남자애들은 중국 출신이다.

→ Los chicos que están bailando son de China.

✔ 노래하고 있는 여자애들은 활발하다.

→ Las chicas que están cantando son activas.

✔ 춤추고 있는 여자애는 Yessi이다.

   ➡ La chica que está bailando es Yessi.

✔ 담배 피우고 있는 남자애는 Pedro이다.

   ➡ El chico que está fumando es Pedro.

> ✎ **따라 써 보기** | 한국어 해석을 보면서 스페인어를 써 보세요.

① 저기 있는 남자 선생님은 잘생겼다.

El profesor que está allí es guapo.

② 담배 피우고 있는 남자애는 Juan이다.

El chico que está fumando es Juan.

③ 춤추고 있는 남자애는 중국 출신이다.

El chico que está bailando es de China.

④ 노래하고 있는 여자애

la chica que está cantando

⑤ 운동을 하고 있는 여자애는 Adel이다.

La chica que está haciendo ejercicio es Adel.

⑥ 커피를 팔고 있는 여자애는 예쁘다.

La chica que está vendiendo café es guapa.

⑦ 춤추고 있는 여자애는 Yessi이다.

La chica que está bailando es Yessi.

연습 문제

오늘 배운 내용을 완전히 내 것으로 만들어 봐요!

① 제시된 한국어에 알맞은 스페인어를 찾아 연결해 봅시다.

a. 요리하고 있는 남자애 ·   · a. el chico que está fumando

b. 노래하고 있는 여자애 ·   · b. el chico que está cocinando

c. 요가를 하고 있는 여자애 ·   · c. la chica que está cantando

d. 담배를 피우고 있는 남자애 ·   · d. la chica que está haciendo yoga

② 나열된 단어를 순서대로 배열하여 문장을 만들어 봅시다.

a. 춤추고 있는 여자애는 활발하다.
(bailando / está / que / activa / es / chica / la)

➡ _____

b. 요리를 하고 있는 남자애는 잘생겼다.
(guapo / es / está / el / cocinando / chico / que)

➡ _____

c. 노래를 하고 있는 여자애는 스페인 출신이다.
(chica / cantando / España / es / de / que / la / está)

➡ _____

d. 운동을 하고 있는 남자애는 Adrián이다.
(chico / el / está / es / haciendo / que / Adrián / ejercicio)

➡ _____

❸ 오늘 배운 표현들을 직접 작문해 봅시다.

a. 저기 있는 여자 선생님은 Yessi이다.

➡ _____

b. 요리하고 있는 여자애는 예쁘다.

➡ _____

❹ 제시된 단어를 이용해 직접 작문해 봅시다.

> bailar 춤추다 | activo 활발한 | hacer ejercicio 운동을 하다

a. 춤추고 있는 남자애   ➡ _____

b. 춤추고 있는 남자애는 활발하다.   ➡ _____

c. 운동을 하고 있는 여자애   ➡ _____

d. 운동을 하고 있는 여자애는 예쁘다.   ➡ _____

오늘 꼭 기억해 두어야 할 문장! 완전히 내 것으로 만들어 봐요.

❶ La profesora que está allí es Yessi.
❷ La chica que está cocinando es guapa.

정답

1   a. (b) el chico que está cocinando / b. (c) la chica que está cantando / c. (d) la chica que está haciendo yoga / d. (a) el chico que está fumando

2   a. La chica que está bailando es activa. / b. El chico que está cocinando es guapo. / c. La chica que está cantando es de España. / d. El chico que está haciendo ejercicio es Adrián.

3   a. La profesora que está allí es Yessi. / b. La chica que está cocinando es guapa.

4   a. el chico que está bailando / b. El chico que está bailando es activo. / c. la chica que está haciendo ejercicio / d. La chica que está haciendo ejercicio es guapa.

Capítulo 10

El piso que tiene dos habitaciones es caro.

방 2개를 가지고 있는 아파트는 비쌉니다.

 학습 목표 이번 시간에는 '서울에 가는 버스는 이거야, 화장실 2개를 가지고 있는 아파트는 비싸'와 같은 문장을 말해 봅시다.

 학습 단어 piso m. 아파트 | comida f. 음식 | avión m. 비행기 | tener 가지다 | habitación f. 방 | vino m. 와인

STEP 1 지난 시간 복습

잠깐! 다시 떠올려 볼까요?

① que 활용하기 - '저기 있는 한국 남자, 춤추고 있는 한국 여자'

- ✔ 저기 있는 한국 남자 ➡ el coreano que está allí

- ✔ 저기 있는 한국 남자들 ➡ los coreanos que están allí

- ✔ 춤추고 있는 한국 여자 ➡ la coreana que está bailando

- ✔ 춤추고 있는 한국 여자들 ➡ las coreanas que están bailando

② 지난 강의 주요 표현

- ✔ 저기 있는 한국 남자는 Daniel이다.

  ➡ El coreano que está allí es Daniel.

- ✔ 저기 있는 한국 남자들은 한국 출신이다.

  ➡ Los coreanos que están allí son de Corea.

- ✔ 춤추고 있는 한국 여자는 Yessi이다.

  ➡ La coreana que está bailando es Yessi.

- ✔ 춤추고 있는 한국 여자들은 일본 출신이다.

  ➡ Las coreanas que están allí son de Japón.

오늘도 하나씩 쌓아 가기!

오늘의 표현과 단어를 하나씩 쌓고, 밑줄 포인트를 익혀 봅시다.

❶ 오늘의 표현

✔ 깎아 주세요. ➡ Más barato, por favor.

TIP 'Deme un descuento', 'Bájeme el precio'도 깎아 달라는 표현으로 쓸 수 있습니다.

❷ 오늘의 단어

✔ 아파트   ➡ el piso

✔ 음식   ➡ la comida

✔ 비행기   ➡ el avión

✔ 가지다   ➡ tener

✔ 방   ➡ la habitación

✔ 와인   ➡ el vino

❸ 오늘의 밑줄 긋기

◆ '깎아 주세요'라는 표현은 Más barato, por favor' 외에도 'Deme un descuento 디스카운트 해 주세요', 'Bájeme el precio 가격을 낮춰 주세요'와 같이 다양한 문장으로 표현할 수 있습니다.

STEP 2 오늘의 학습

오늘은 무엇을 배워 볼까요?

① 오늘의 핵심 포인트

이번 시간에는 '서울에 가는 비행기는 이거야, 화장실 2개를 가지고 있는 아파트는 비싸'와 같은 문장을 만들어 봅시다.

② que 활용하기(1) – '서울에 사는 그 여자애'

- ✔ 그 여자애는 서울에 산다.   → La chica vive en Seúl.

- ✔ 서울에 사는 그 여자애   → la chica que vive en Seúl

- ✔ 서울에 사는 그 여자애들   → las chicas que viven en Seúl

- ✔ 시원스쿨에서 공부하는 그 여자애   → la chica que estudia en 시원스쿨

- ✔ 시원스쿨에서 공부하는 그 여자애들   → las chicas que estudian en 시원스쿨

- ✔ 서울에 사는 그 여자애는 Alicia이다.
  - → La chica que vive en Seúl es Alicia.

- ✔ 서울에 사는 그 여자애들은 중국 출신이다.
  - → Las chicas que viven en Seúl son de China.

- ✔ 시원스쿨에서 공부하는 그 여자애는 예쁘다.
  - → La chica que estudia en 시원스쿨 es guapa.

- ✔ 시원스쿨에서 공부하는 그 여자애들은 예쁘다.
  - → Las chicas que estudian en 시원스쿨 son guapas.

❸ que 활용하기(2) - '서울에 가는 버스'

✔ 버스는 서울에 간다.   ➡ El autobús va a Seúl.

✔ (서울에 가는) 버스   ➡ el autobús (que va a Seúl)

✔ 기차는 서울에 간다.   ➡ El tren va a Seúl.

✔ (서울에 가는)기차   ➡ el tren (que va a Seúl)

✔ 마드리드에 가는 기차   ➡ el tren que va a Madrid

✔ 스페인에 가는 비행기   ➡ el avión que va a España

✔ 동대문에 가는 지하철   ➡ el metro que va a 동대문

✔ 서울에 가는 버스는 이것이다.
    ➡ El autobús que va a Seúl es este.

✔ 마드리드에 가는 기차는 이것이다.
    ➡ El tren que va a Madrid es este.

✔ 스페인에 가는 비행기는 이것이다.
    ➡ El avión que va a España es este.

✔ 동대문에 가는 지하철은 이것이다.
    ➡ El metro que va a 동대문 es este.

❹ que 활용하기(3) - '화장실 2개를 가지고 있는 아파트'

✔ 아파트는 화장실 2개를 가지고 있다.   ➡ El piso tiene dos baños.

✔ 화장실 2개를 가지고 있는 아파트   ➡ el piso (que tiene dos baños)

✔ 방 2개를 가지고 있는 아파트   → el piso que tiene dos habitaciones

✔ 많은 창문을 가지고 있는 아파트   → el piso que tiene muchas ventanas

✔ 화장실 2개를 가지고 있는 아파트는 비싸다.

    → El piso que tiene dos baños es caro.

✔ 방 2개를 가지고 있는 아파트는 비싸다.

    → El piso que tiene dos habitaciones es caro.

✔ 많은 창문을 가지고 있는 아파트는 비싸다.

    → El piso que tiene muchas ventanas es caro.

✎ 따라 써 보기 | 한국어 해석을 보면서 스페인어를 써 보세요.

① 방 2개를 가지고 있는 아파트

el piso que tiene dos habitaciones

② 서울에 가는 버스는 이것이다.

El autobús que va a Seúl es este.

③ 화장실 2개를 가지고 있는 아파트는 비싸다.

El piso que tiene dos baños es caro.

④ 많은 창문을 가지고 있는 아파트는 비싸다.

El piso que tiene muchas ventanas es caro.

연습 문제

오늘 배운 내용을 완전히 내 것으로 만들어 봐요!

❶ 제시된 한국어에 알맞은 스페인어를 찾아 연결해 봅시다.

a. 서울에 가는 버스 · · a. el piso que tiene tres habitaciones

b. 스페인에 사는 그 여자애 · · b. el autobús que va a Seúl

c. 방 3개를 가지고 있는 아파트 · · c. el coreano que está allí

d. 저기 있는 한국 남자 · · d. la chica que vive en España

❷ 나열된 단어를 순서대로 배열하여 문장을 만들어 봅시다.

a. 시원스쿨에서 공부하는 그 여자애는 예쁘다.
(시원스쿨 / la / que / en / chica / estudia / es / guapa)

➡ _____

b. 서울에 사는 그 남자애는 Juan이다.
(el / vive / Seúl / Juan / en / chico / es / que)

➡ _____

c. 한국에 가는 비행기는 이것이다.
(que / el / a / va / avión / es / este / Corea)

➡ _____

d. 방 3개를 가지고 있는 아파트는 비싸다.
(piso / el / caro / habitaciones / que / tres / tiene / es)

➡ _____

❸ 오늘 배운 표현들을 직접 작문해 봅시다.

a. Ana가 마시고 있는 그 와인은 칠레산이다.

➡ _____

➡ _____

b. Ana가 먹고 있는 그 음식은 꾸이다.

➡ _____

➡ _____

④ **제시된 단어를 이용해 직접 작문해 봅시다.**

> tren m. 기차 | rápido/a 빠른 | baño m. 화장실 | piso m. 아파트

a. 마드리드에 가는 기차 ➡ _____

b. 마드리드에 가는 기차는 빠르다. ➡ _____

c. 화장실 2개를 가지고 있는 아파트 ➡ _____

d. 화장실 2개를 가지고 있는 아파트는 비싸다. ➡ _____

오늘 꼭 기억해 두어야 할 문장! 완전히 내 것으로 만들어 봐요.

① El vino que Ana está tomando es de Chile.

(= El vino que está tomando Ana es de Chile.)

② La comida que Ana está comiendo es cuy.

(= La comida que está comiendo Ana es cuy.)

정답

1 a. (b) el autobús que va a Séul / b. (d) la chica que vive en España / c. (a) el piso que tiene tres habitaciones / d. (c) el coreano que está allí

2 a. La chica que estudia en 시원스쿨 es guapa. / b. El chico que vive en Seúl es Juan. / c. El avión que va a Corea es este. / d. El piso que tiene tres habitaciones es caro.

3 a. El vino que Ana está tomando es de Chile. = El vino que está tomando Ana es de Chile. / b. La comida que Ana está comiendo es cuy. = La comida que está comiendo Ana es cuy.

4 a. el tren que va a Madrid / b. El tren que va a Madrid es rápido. / c. el piso que tiene dos baños / d. El piso que tiene dos baños es caro.

1 La chica que me gusta es Yessi.

2 El coche que quiero comprar es este.

3 El país donde quiero vivir es Alemania.

4 La chica que está allí es Yessi.

5 La chica que está encima de la mesa es Yessi.

6 El coreano que está encima de la mesa es 준수.

7 La chica que está haciendo ejercicio es Adel.

8 Los chicos que están bailando son de China.

9 La chica que vive en Seúl es Alicia.

10 Las chicas que estudian en 시원스쿨 son guapas.

11 El autobús que va a Seúl es este.

12 El piso que tiene dos baños es caro.

스페인어를 사용하는 중남미 국가 3탄, 과테말라(Guatemala)

▲ 티칼(Tikal) 유적지

위치 | 중앙아메리카 북서부

시차 | 15시간 느림(한국 기준)

화폐 | 케찰(Quetzal)

인구 | 1,871만 명

수도 | 과테말라시티(Ciudad de Guatemala)

주요도시 | 마사테낭고(Mazatenango), 산타 루시아 코추말구아파(Santa Lucia Cotzumalguapa)

특징 | 과테말라 티칼(Tikal)은 멕시코 팔렝케(Palenque), 온두라스 코판(Copán)과 함께 세계 3대 마야 문명으로 꼽힙니다. 티칼 유적지는 과테말라 북부 페덴 이트사(Petén Itzá) 호수에 자리 잡고 있으며, 정글 속에 숨겨진 신비로운 마야 유적지인데요. 다른 마야 도시보다 일찍 세워진 곳이면서 마야 문명 최대·최후의 도시로, 스페인 군대가 끔찍한 학살을 하기 전인 8세기 말까지 번영했던 곳입니다. 티칼 국립공원에서는 피라미드 위에 올라가 볼 수도 있고, 이 곳의 정글은 다른 마야 문명지보다 훨씬 잘 보존되어 있다는 장점이 있어요. 또한 '티칼' 하면 일출 투어를 빼놓을 수 없는데, 고대 피라미드 위로 떠오르는 태양을 보고 싶다면 일출 투어도 꼭 한번 해 보세요. 특별한 유적지를 체험해 보고 싶다면 단연 과테말라의 티칼을 추천합니다!

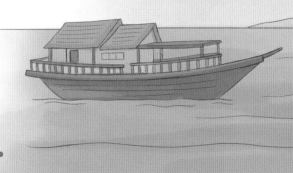

PARTE
04
가장 중요한 것은 순간을 사는 거야.

'lo'의 활용 및 의견·생각 말하기

Capítulo

11

En la vida lo más importante es vivir el momento.

인생에서 가장 중요한 것은 순간을 사는 것입니다.

**학습
목표**
이번 시간에는 'lo + 형용사 = ~한 것'에 대해서 배워 보겠습니다.

**학습
단어**
amor m. 사랑 | **momento** m. 순간 | **difícil** 어려운 | **fácil** 쉬운 | **éxito** m. 성공 |
tener éxito 성공하다 | **escuchar** 듣다 | **bien** 잘 | **viajar por todo el mundo**
전 세계를 여행하다 | **en la vida** 인생에서

STEP 1 지난 시간 복습

잠깐! 다시 떠올려 볼까요?

❶ 'que'와 'donde'를 활용한 문장 총정리

✔ 내가 좋아하는 여자애	→ la chica que me gusta
✔ 내가 일하는 학교	→ la escuela donde trabajo
✔ 저기 있는 여자애	→ la chica que está allí
✔ 노래하고 있는 여자애	→ la chica que está cantando
✔ 방 2개를 가지고 있는 아파트	→ el piso que tiene dos habitaciones
✔ Ana가 마시고 있는 그 와인	→ el vino que Ana está tomando
	= el vino que está tomando Ana

❷ 지난 강의 주요 표현

✔ 내가 좋아하는 여자 선생님은 Yessi이다.

→ La profesora que me gusta es Yessi.

✔ 내가 가고 싶은 나라는 스페인이다.

→ El país donde quiero ir es España.

✔ 저기 있는 여자애는 예쁘다.

→ La chica que está allí es guapa.

✔ 춤추고 있는 여자애는 한국 출신이다.

→ La chica está bailando es de Corea.

✔ 화장실 2개를 가지고 있는 아파트는 비싸다.

→ El piso que tiene dos baños es caro.

오늘도 하나씩 쌓아 가기!

오늘의 표현과 단어를 하나씩 쌓고, 밑줄 포인트를 익혀 봅시다.

① 오늘의 표현

✔ 생각해 볼게요. ➡ Voy a pensarlo.

TIP 1. 생각하다 → pensar(현재시제일 때 'e → ie'로 바뀌는 불규칙 동사)

2. 쇼핑을 하면서 물건을 사야 할지 말아야 할지 고민될 때 점원에게 이 표현을 써 보세요.

② 오늘의 단어

✔ 사랑	➡ el amor
✔ 순간	➡ el momento
✔ 어려운	➡ difícil
✔ 쉬운	➡ fácil
✔ 성공	➡ el éxito
✔ 성공하다	➡ tener éxito
✔ 듣다	➡ escuchar
✔ 잘	➡ bien
✔ 전 세계를 여행하다	➡ viajar por todo el mundo
✔ 인생에서	➡ en la vida

③ 오늘의 밑줄 긋기

◆ 스페인어에서 '성공하다'라는 표현은 tener 동사를 활용하여 'tener éxito'라고 쓴다는 점, 꼭 기억해 주세요!

오늘의 학습

오늘은 무엇을 배워 볼까요?

❶ 오늘의 핵심 포인트

이번 시간에는 'lo + 형용사 = ~한 것', 'lo + más + 형용사 = 가장 ~한 것'을 활용하여 '인생에서 가장 중요한 것은 순간을 사는 거야'와 같은 표현을 배워 봅시다.

❷ lo + 형용사 = ~한 것

남성 단수 형용사 앞에 'lo'를 써 주면 '~한 것'이라는 표현이 됩니다.

✔ 중요한 것   → lo importante

✔ 흥미로운 것   → lo interesante

✔ 비싼 것   → lo caro

✔ 싼 것   → lo barato

✔ 좋은 것   → lo bueno

✔ 나쁜 것   → lo malo

✔ 중요한 것은 사랑이다.   → Lo importante es el amor.

✔ 중요한 것은 인생이다.   → Lo importante es la vida.

✔ 중요한 것은 여행이다.   → Lo importante es el viaje.

✔ 비싼 것은 좋다.   → Lo caro es bueno.

✔ 비싼 것은 나쁘다.   → Lo caro es malo.

✔ 싼 것은 좋다.   → Lo barato es bueno.

✔ 싼 것은 나쁘다.   → Lo barato es malo.

✔ 중요한 것은 행복하게 사는 것이다.   → Lo importante es vivir felizmente.

✔ 중요한 것은 무언가를 배우는 것이다. → Lo importante es aprender algo.

✔ 중요한 것은 잘 먹는 것이다.   → Lo importante es comer bien.

✔ 중요한 것은 담배를 적게 피우는 것이다. → Lo importante es fumar poco.

✔ 중요한 것은 순간을 사는 것이다.   → Lo importante es vivir el momento.

✔ 어려운 것은 많은 돈을 버는 것이다.   → Lo difícil es ganar mucho dinero.

✔ 어려운 것은 성공하는 것이다.   → Lo difícil es tener éxito.

✔ 어려운 것은 가수가 되는 것이다.   → Lo difícil es ser cantante.

✔ 나쁜 것은 담배 피우는 것이다.   → Lo malo es fumar.

TIP '~한 것'을 만들 때는 항상 'lo + 남성 단수 형용사'입니다. 또한 '~한 것은 ~이다'를 표현할 때 ser 동사는 3인칭 단수 'es'를 취급합니다.

③ lo + más + 형용사 = 가장 ~한 것

✔ 가장 중요한 것   → lo más importante

✔ 가장 어려운 것   → lo más difícil

✔ 가장 쉬운 것   → lo más fácil

TIP '가장 좋은 것, 가장 나쁜 것'은 각각 'lo mejor', 'lo peor'가 됩니다.

✔ 가장 중요한 것은 순간을 사는 것이다.

  ➡ Lo más importante es vivir el momento.

✔ 가장 중요한 것은 잘 듣는 것이다.

  ➡ Lo más importante es escuchar bien.

✔ 가장 중요한 것은 삶을 즐기는 것이다.

  ➡ Lo más importante es disfrutar la vida.

✔ 가장 어려운 것은 무언가를 파는 것이다.

  ➡ Lo más difícil es vender algo.

✔ 가장 어려운 것은 많은 친구들을 갖는 것이다.

  ➡ Lo más difícil es tener muchos amigos.

✔ 가장 어려운 것은 전 세계를 여행하는 것이다.

  ➡ Lo más difícil es viajar por todo el mundo.

④ 'lo + 형용사'의 위치

'lo + 형용사'는 문장의 맨 앞 혹은 동사의 뒤에 쓰여도 의미 변화가 없습니다.

✔ 중요한 것은 사랑이다.   ➡ Lo importante es el amor.

✔ 사랑은 중요한 것이다.   ➡ El amor es lo importante.

✔ 중요한 것은 행복하게 사는 것이다.   ➡ Lo importante es vivir felizmente.

✔ 행복하게 사는 것은 중요한 것이다.   ➡ Vivir felizmente es lo importante.

연습 문제

오늘 배운 내용을 완전히 내 것으로 만들어 봐요!

① 제시된 한국어에 알맞은 스페인어를 찾아 연결해 봅시다.

a. 중요한 것　　·　　　　　　　　　　· a. lo interesante

b. 흥미로운 것　　·　　　　　　　　　· b. lo importante

c. 어려운 것　　·　　　　　　　　　　· c. lo fácil

d. 쉬운 것　　·　　　　　　　　　　· d. lo difícil

② 나열된 단어를 순서대로 배열하여 문장을 만들어 봅시다.

a. 중요한 것은 인생이다.
(vida / lo / es / importante / la)

➡ _____

b. 중요한 것은 행복하게 사는 것이다.
(felizmente / es / importante / vivir / lo)

➡ _____

c. 어려운 것은 성공하는 것이다.
(difícil / lo / es / éxito / tener)

➡ _____

d. 가장 중요한 것은 삶을 즐기는 것이다.
(disfrutar / lo / más / la / es / importante / vida)

➡ _____

❸ 오늘 배운 표현들을 직접 작문해 봅시다.

a. 중요한 것은 사랑이다.

➡ _____

➡ _____

b. 인생에서 가장 중요한 것은 순간을 사는 것이다.

➡ _____

➡ _____

❹ 제시된 단어를 이용해 직접 작문해 봅시다.

> difícil 어려운 | bien 잘 | importante 중요한 | algo 무언가

a. 가장 어려운 것 ➡ _____

b. 가장 어려운 것은 잘 사는 것이다. ➡ _____

c. 중요한 것 ➡ _____

d. 중요한 것은 무언가를 배우는 것이다. ➡ _____

오늘 꼭 기억해 두어야 할 문장! 완전히 내 것으로 만들어 봐요.

❶ En la vida lo más importante es vivir el momento.

(= Lo más importante en la vida es vivir el momento.)

정답

1 a. (b) lo importante / b. (a) lo interesante / c. (d) lo difícil / d. (c) lo fácil

2 a. Lo importante es la vida. / b. Lo importante es vivir felizmente. / c. Lo difícil es tener éxito. / d. Lo más importante es disfrutar la vida.

3 a. Lo importante es el amor. = El amor es lo importante. / b. En la vida lo más importante es vivir el momento. = Lo más importante en la vida es vivir el momento.

4 a. lo más difícil / b. Lo más difícil es vivir bien. / c. lo importante / d. Lo importante es aprender algo.

Lo que quiero es vivir felizmente.

내가 원하는 것은 행복하게 사는 것입니다.

**학습
목표** 이번 시간에는 'lo + que + 주어 + 동사' 형태에 대해서 배워 보겠습니다.

**학습
단어** escuchar música 음악을 듣다 | leer 읽다, 독서하다 | tiempo libre m. 여가 시간

지난 시간 복습

잠깐! 다시 떠올려 볼까요?

❶ lo + 형용사 = ~한 것 / lo + más + 형용사 = 가장 ~한 것

- ✔ 중요한 것   ➙ lo importante

- ✔ 흥미로운 것   ➙ lo interesante

- ✔ 좋은 것   ➙ lo bueno

- ✔ 나쁜 것   ➙ lo malo

- ✔ 가장 중요한 것   ➙ lo más importante

- ✔ 가장 어려운 것   ➙ lo más difícil

- ✔ 가장 좋은 것   ➙ lo mejor

- ✔ 가장 나쁜 것   ➙ lo peor

❷ 지난 강의 주요 표현

- ✔ 중요한 것은 행복하게 사는 것이다.
  - ➙ Lo importante es vivir felizmente.

- ✔ 인생에서 가장 중요한 것은 순간을 사는 것이다.
  - ➙ Lo más importante en la vida es vivir el momento.

오늘도 하나씩 쌓아 가기!

오늘의 표현과 단어를 하나씩 쌓고, 밑줄 포인트를 익혀 봅시다.

① 오늘의 표현

✔ 좀 이따 올게요. ➡ Vuelvo más tarde.

② 오늘의 단어

✔ 음악을 듣다   ➡ escuchar música

✔ 읽다, 독서하다   ➡ leer

✔ 책 한 권을 읽다   ➡ leer un libro

✔ 여가 시간   ➡ el tiempo libre

③ 오늘의 밑줄 긋기

◆ poder 동사의 현재시제 변화형이 'o → ue'가 되어 'yo puedo', 'tú puedes' 등으로 변화한다는 것, 기억하시나요? 이와 마찬가지로 volver 동사 또한 현재시제일 때 'o → ue'로 바뀌는 불규칙 동사입니다. 이 점 유의해 주세요!

STEP 2 오늘의 학습

오늘은 무엇을 배워 볼까요?

① 오늘의 핵심 포인트

저번 시간에는 'lo + 형용사 = ~한 것'이라는 표현을 배웠습니다. 이번 시간에는 'lo + que + 주어 + 동사'를 활용하여 '내가 원하는 것'과 같은 표현을 배워 봅시다.

② lo + que + 주어 + 동사

✔ 나는 원한다. → Quiero.

✔ 내가 원하는 것 → lo que quiero

✔ 내가 원하는 것은 커피 한 잔이다. → Lo que quiero es un café.

✔ 내가 원하는 것은 장미 한 송이다. → Lo que quiero es una rosa.

✔ 내가 원하는 것은 집 한 채다. → Lo que quiero es una casa.

✔ 내가 원하는 것은 많은 돈을 버는 것이다.

→ Lo que quiero es ganar mucho dinero.

✔ 내가 원하는 것은 전 세계를 여행하는 것이다.

→ Lo que quiero es viajar por todo el mundo.

✔ 내가 원하는 것은 강아지 한 마리를 갖는 것이다.

→ Lo que quiero es tener un perro.

✔ 내가 원하는 것은 성공하는 것이다.

→ Lo que quiero es tener éxito.

✔ 내가 원하는 것은 행복하게 사는 것이다.

→ Lo que quiero es vivir felizmente.

✔ 내가 원하는 것은 순간을 사는 것이다.

→ Lo que quiero es vivir el momento.

a. lo + que + quiero + 동사 원형 = 내가 ~하고 싶은 것

✔ 나는 알고 싶다.   → Quiero saber.

✔ 내가 알고 싶은 것   → lo que quiero saber

✔ 내가 하고 싶은 것   → lo que quiero hacer

✔ 내가 알고 싶은 것은 어떻게 춤을 추는지이다.
    → Lo que quiero saber es cómo bailar.

✔ 내가 알고 싶은 것은 어떻게 노래하는지이다.
    → Lo que quiero saber es cómo cantar.

✔ 내가 알고 싶은 것은 어떻게 수영하는지이다.
    → Lo que quiero saber es cómo nadar.

✔ 내가 알고 싶은 것은 어떻게 떼낄라를 마시는지이다.
    → Lo que quiero saber es cómo tomar tequila.

✔ 내가 알고 싶은 것은 어떻게 스페인어를 공부하는지이다.
    → Lo que quiero saber es cómo estudiar español.

✔ 내가 하고 싶은 것은 TV를 보는 것이다.
    → Lo que quiero hacer es ver la tele.

✔ 내가 하고 싶은 것은 영화 한 편을 보는 것이다.
    → Lo que quiero hacer es ver una película.

✔ 내가 하고 싶은 것은 축구를 하는 것이다.
    → Lo que quiero hacer es jugar al fútbol.

✔ 내가 하고 싶은 것은 탱고를 추는 것이다.
    → Lo que quiero hacer es bailar tango.

✔ 내가 하고 싶은 것은 스페인을 여행하는 것이다.
  ➡ Lo que quiero hacer es viajar por España.

✔ 내가 하고 싶은 것은 많은 나라들을 여행하는 것이다.
  ➡ Lo que quiero hacer es viajar por muchos países.

b. **lo + que + me gusta = 내가 좋아하는 것**

✔ 나는 좋아한다.   ➡ Me gusta.

✔ 내가 좋아하는 것   ➡ lo que me gusta

✔ 내가 좋아하는 것은 요리하는 것이다.
  ➡ Lo que me gusta es cocinar.

✔ 내가 좋아하는 것은 음악을 듣는 것이다.
  ➡ Lo que me gusta es escuchar música.

✔ 내가 좋아하는 것은 독서하는 것이다.
  ➡ Lo que me gusta es leer.

✔ 내가 좋아하는 것은 산책하는 것이다.
  ➡ Lo que me gusta es pasear.

✔ 내가 좋아하는 것은 해변에 가는 것이다.
  ➡ Lo que me gusta es ir a la playa.

✔ 내가 좋아하는 것은 영화관에 가는 것이다.
  ➡ Lo que me gusta es ir al cine.

✔ 내가 좋아하는 것은 집에서 쉬는 것이다.
  ➡ Lo que me gusta es descansar en casa.

✔ 내가 좋아하는 것은 내 남자 친구와 영화 한 편을 보는 것이다.
  ➡ Lo que me gusta es ver una película con mi novio.

c. lo + que + me gusta hacer = 내가 하기를 좋아하는 것

✔ 한국에서 내가 하기를 좋아하는 것은 소주를 마시는 것이다.
　　➡ En Corea lo que me gusta hacer es tomar 소주.
　　= Lo que me gusta hacer en Corea es tomar 소주.

✔ 멕시코에서 내가 하기를 좋아하는 것은 타코를 먹는 것이다.
　　➡ En México lo que me gusta hacer es comer tacos.
　　= Lo que me gusta hacer en México es comer tacos.

✔ 아르헨티나에서 내가 하기를 좋아하는 것은 탱고를 배우는 것이다.
　　➡ En Argentina lo que me gusta hacer es aprender tango.
　　= Lo que me gusta hacer en Argentina es aprender tango.

✔ 내 여가 시간에 내가 하기를 좋아하는 것은 요리하는 것이다.
　　➡ En mi tiempo libre lo que me gusta hacer es cocinar.
　　= Lo que me gusta hacer en mi tiempo libre es cocinar.

✔ 내 여가 시간에 내가 하기를 좋아하는 것은 집에서 쉬는 것이다.
　　➡ En mi tiempo libre lo que me gusta hacer es descansar en casa.
　　= Lo que me gusta hacer en mi tiempo libre es descansar en casa.

✔ 내 여가 시간에 내가 하기를 좋아하는 것은 춤추는 것이다.
　　➡ En mi tiempo libre lo que me gusta hacer es bailar.
　　= Lo que me gusta hacer en mi tiempo libre es bailar.

① 내가 원하는 것은 많은 돈을 버는 것이다.

Lo que quiero es ganar mucho dinero.

② 내가 원하는 것은 성공하는 것이다.

Lo que quiero es tener éxito.

③ 내가 알고 싶은 것은 어떻게 수영하는지이다.

Lo que quiero saber es cómo nadar.

④ 내가 하고 싶은 것은 TV를 보는 것이다.

Lo que quiero hacer es ver la tele.

⑤ 내가 좋아하는 것은 독서하는 것이다.

Lo que me gusta es leer.

⑥ 내가 좋아하는 것은 영화관에 가는 것이다.

Lo que me gusta es ir al cine.

⑦ 멕시코에서 내가 하기를 좋아하는 것은 타코를 먹는 것이다.

En México lo que me gusta hacer es comer tacos.

= Lo que me gusta hacer en México es comer tacos.

연습 문제

오늘 배운 내용을 완전히 내 것으로 만들어 봐요!

❶ 제시된 한국어에 알맞은 스페인어를 찾아 연결해 봅시다.

a. 내가 하고 싶은 것　·　　　　　·　a. lo que quiero

b. 내가 원하는 것　·　　　　　·　b. lo que quiero saber

c. 내가 좋아하는 것　·　　　　　·　c. lo que quiero hacer

d. 내가 알고 싶은 것　·　　　　　·　d. lo que me gusta

❷ 나열된 단어를 순서대로 배열하여 문장을 만들어 봅시다.

a. 내가 좋아하는 것은 영화관에 가는 것이다.
(cine / lo / que / ir / me / gusta / al / es)

➡ _____

b. 내가 원하는 것은 자동차 한 대다.
(lo / un / coche / quiero / es / que)

➡ _____

c. 내가 좋아하는 것은 음악을 듣는 것이다.
(lo / que / gusta / me / música / es / escuchar)

➡ _____

d. 내가 하고 싶은 것은 집에서 쉬는 것이다.
(descansar / lo / quiero / casa / es / en / que / hacer)

➡ _____

❸ 오늘 배운 표현들을 직접 작문해 봅시다.

a. 내가 원하는 것은 레드와인 한 병이다.

➡ _____

b. 내가 알고 싶은 것은 어떻게 스페인어를 공부하는지이다.

➡ _____

c. 내가 좋아하는 것은 요가를 하는 것이다.

➡ _____

d. 내 여가 시간에 내가 하기를 좋아하는 것은 수영하는 것이다.

➡ _____

④ 제시된 단어를 이용해 직접 작문해 봅시다.

> saber 알다 | inglés m. 영어 | tango m. 탱고

a. 나는 알고 싶다.　　　　　　　　　　　➡ _____

b. 내가 알고 싶은 것　　　　　　　　　　➡ _____

c. 내가 알고 싶은 것은 어떻게 영어를 공부하는지이다. ➡ _____

d. 내가 알고 싶은 것은 어떻게 탱고를 추는지이다. ➡ _____

오늘 꼭 기억해 두어야 할 문장! 완전히 내 것으로 만들어 봐요.

① Lo que quiero es un vino tinto.

② Lo que quiero saber es cómo estudiar español.

③ Lo que me gusta es hacer yoga.

④ En mi tiempo libre lo que me gusta hacer es nadar.

정답

1　a. (c) lo que quiero hacer / b. (a) lo que quiero / c. (d) lo que me gusta / d. (b) lo que quiero saber

2　a. Lo que me gusta es ir al cine. / b. Lo que quiero es un coche. / c. Lo que me gusta es escuchar música. / d. Lo que quiero hacer es descansar en casa.

3　a. Lo que quiero es un vino tinto. / b. Lo que quiero saber es cómo estudiar español. / c. Lo que me gusta es hacer yoga. / d. En mi tiempo libre lo que me gusta hacer es nadar.

4　a. Quiero saber. / b. lo que quiero saber / c. Lo que quiero saber es cómo aprender inglés. / d. Lo que quiero saber es cómo bailar tango.

Capítulo

13

Creo que Yessi es guapa.

Yessi는 예쁜 것 같습니다.

학습
목표

이번 시간에는 'creo que ~' 형태를 활용하여 자신의 의견이나 생각을 말해 봅시다.

학습
단어

hacer amigos 친구를 사귀다 | **creer** 믿다, ~라고 생각하다 | **pensar** 생각하다 |
abogado m. 변호사(남자) | **profesora** f. 교수(여자)

지난 시간 복습

잠깐! 다시 떠올려 볼까요?

❶ lo + que + 주어 + 동사

- ✔ 내가 원하는 것 → lo que quiero
- ✔ 내가 알고 싶은 것 → lo que quiero saber
- ✔ 내가 좋아하는 것 → lo que me gusta
- ✔ 내가 하기를 좋아하는 것 → lo que me gusta hacer

❷ 지난 강의 주요 표현

- ✔ 내가 원하는 것은 장미 한 송이다.
  - → Lo que quiero es una rosa.

- ✔ 내가 알고 싶은 것은 어떻게 스페인어를 공부하는지이다.
  - → Lo que quiero saber es cómo estudiar español.

- ✔ 내가 좋아하는 것은 축구하는 것이다.
  - → Lo que quiero hacer es jugar al fútbol.

- ✔ 내 여가 시간에 내가 하기를 좋아하는 것은 음악을 듣는 것이다.
  - → En mi tiempo libre lo que me gusta hacer es escuchar música.

    (= Lo que me gusta hacer en mi tiempo libre es escuchar música.)

오늘도 하나씩 쌓아 가기!

오늘의 표현과 단어를 하나씩 쌓고, 밑줄 포인트를 익혀 봅시다.

① 오늘의 표현

✔ 신용카드를 받나요? → ¿Aceptan tarjetas de crédito?

TIP 받다, 수락하다 → aceptar / 신용카드 → la tarjeta de crédito

② 오늘의 단어

✔ 친구를 사귀다 → hacer amigos

✔ 믿다, ~라고 생각하다 → creer

✔ 생각하다 → pensar

③ 오늘의 밑줄 긋기

◆ 스페인어에서 '신용카드'는 '신용, 신임'이라는 뜻의 'crédito'와 '카드'라는 의미의 'tarjeta'를 같이 사용하여 'tarjeta de crédito'라고 하며, '체크카드'는 '직불'을 뜻하는 'débito'를 사용하여 'tarjeta de débito'라고 합니다. 일상생활에서 자주 쓰이는 단어인 만큼 꼭 기억해 주세요!

STEP 2 오늘의 학습

오늘은 무엇을 배워 볼까요?

① 오늘의 핵심 포인트

스페인어로 '나는 ~라고 생각해'라는 문장을 어떻게 표현할까요? 이번 시간에는 creer 동사와 pensar 동사를 활용하여 자신의 의견을 말하는 방법에 대해서 배워 봅시다.

② creer 동사

[creer 동사 현재시제 규칙 변화 형태]

creer 믿다 / ~라고 생각하다	
Yo	creo
Tú	crees
Usted / Él / Ella	cree
Nosotros/as	creemos
Vosotros/as	creéis
Ustedes / Ellos / Ellas	creen

creer 동사의 'creo'를 활용하여 'creo que ~ = 나는 ~라고 생각한다, ~인 것 같다' 라는 표현을 말해 봅시다.

✔ Daniel은 가수다.   → Daniel es cantante.

✔ Daniel은 가수인 것 같다.   → **Creo que** Daniel es cantante.

✔ Daniel은 의사인 것 같다.   → Creo que Daniel es médico.

✔ Daniel은 학생인 것 같다.   → Creo que Daniel es estudiante.

✔ Daniel은 한국인인 것 같다.   → Creo que Daniel es coreano.

✔ 나는 예쁜 것 같다.　　　　　　　→ Creo que soy guapa.

✔ 나는 매우 예쁜 것 같다.　　　　　→ Creo que soy muy guapa.

✔ 나는 친절한 것 같다.　　　　　　→ Creo que soy amable.

✔ (주어가 여성일 때) 나는 소심한 것 같다.　→ Creo que soy tímida.

✔ Daniel은 피곤하다.　　　　　　　→ Daniel está cansado.

✔ Daniel은 피곤한 것 같다.　　　　→ **Creo que** Daniel está cansado.

✔ Daniel은 아픈 것 같다.　　　　　→ Creo que Daniel está enfermo.

✔ Adel은 집에 있는 것 같다.　　　　→ Creo que Adel está en casa.

✔ Adel은 마드리드에 있는 것 같다.　→ Creo que Adel está en Madrid.

✔ 스페인어를 배우는 것은 쉽다.　　　→ Aprender español es fácil.

✔ 스페인어를 배우는 것은 쉬운 것 같다.　→ **Creo que** aprender español es fácil.

✔ 스페인어를 배우는 것은 어려운 것 같다.　→ Creo que aprender español es difícil.

✔ 친구를 사귀는 것은 어려운 것 같다.　→ Creo que hacer amigos es difícil.

✔ 행복하게 사는 것은 어려운 것 같다.　→ Creo que vivir felizmente es difícil.

✔ 여행하는 것은 중요한 것 같다.　　→ Creo que viajar es importante.

③ **pensar 동사**

[pensar 동사 현재시제 불규칙 변화 형태]

pensar 동사는 현재시제일 때 'e → ie'로 바뀌는 불규칙 동사입니다.

pensar 생각하다	
Yo	pienso
Tú	piensas
Usted / Él / Ella	piensa
Nosotros/as	pensamos
Vosotros/as	pensáis
Ustedes / Ellos / Ellas	piensan

이번에는 pensar 동사의 'pienso'를 활용하여 'Pienso que ~ = 나는 ~라고 생각한다, ~인 것 같다'라는 표현을 말해 봅시다.

✔ Juan은 스페인어를 말하는 것 같다. ➡ Pienso que Juan habla español.

✔ Juana는 스페인어를 배우는 것 같다. ➡ Pienso que Juana aprende español.

✔ 그는 나쁜 것 같다. ➡ Pienso que él es malo.

✔ 그는 착한 것 같다.(좋은 사람인 것 같다.) ➡ Pienso que él es bueno.

✔ Ángela는 수영할 수 있다. ➡ Ángela puede nadar.

✔ Ángela는 수영할 수 있는 것 같다. ➡ Pienso que Ángela puede nadar.

✔ Daniel은 파티에 올 수 있는 것 같다. ➡ Pienso que Daniel puede venir a la fiesta.

✔ 우성이는 나를 사랑한다. ➡ 우성 me ama.

✔ 우성이는 나를 사랑하는 것 같다. ➡ Pienso que 우성 me ama.

✔ 우빈이는 너를 사랑하는 것 같다. ➡ Pienso que 우빈 te ama.

✔ 우리 엄마는 나를 사랑하는 것 같다. ➡ Pienso que mi mamá me ama.

✔ Elisa는 자동차 한 대가 있다. ➡ Elisa tiene un coche.

✔ Elisa는 자동차 한 대가 있는 것 같다. ➡ Pienso que Elisa tiene un coche.

✔ Elisa는 많은 자동차가 있는 것 같다. ➡ Pienso que Elisa tiene muchos coches.

✔ 나는 요가를 할 것이다. ➡ Voy a hacer yoga.

✔ 나는 요가를 할 것 같다. ➡ Pienso que voy a hacer yoga.

✔ 나는 늦게 도착할 것 같다. ➡ Pienso que voy a llegar tarde.

✔ 나는 우성 오빠와 결혼할 것 같다. ➡ Pienso que voy a casarme con 우성 오빠.

STEP 3 연습 문제

오늘 배운 내용을 완전히 내 것으로 만들어 봐요!

① 인칭대명사에 따라 creer, pensar 동사의 변화형을 적어 봅시다.

	creer	pensar
a. Yo		
b. Tú		
c. Él / Ella / Usted		
d. Nosotros/as		
e. Vosotros/as		

② 나열된 단어를 순서대로 배열하여 문장을 만들어 봅시다.

a. 그는 나를 사랑하는 것 같다.
(él / pienso / me / que / ama)
➡ _____

b. 나는 늦게 도착할 것 같다.
(que / llegar / pienso / voy / tarde / a)
➡ _____

c. 스페인어를 배우는 것은 매우 흥미로운 것 같다.
(pienso / español / muy / interesante / es / que / aprender)
➡ _____

d. 그녀는 매우 친절한 것 같다.
(amable / ella / creo / que / es / muy)
➡ _____

③ 오늘 배운 표현들을 직접 작문해 봅시다.

a. 친구를 사귀는 것은 쉬운 것 같다.
➡ _____

b. Yessi는 재미있는 것 같다.

➡ _____

c. Juana는 영어를 배우는 것 같다.

➡ _____

④ 제시된 단어를 이용해 직접 작문해 봅시다.

> abogado m. 변호사(남자) | profesora f. 교수(여자) | cantar 노래하다

a. 그는 변호사인 것 같다.　　　　➡ _____

b. 그녀는 교수인 것 같다.　　　　➡ _____

c. Juan은 노래를 잘하는 것 같다.　➡ _____

d. 스페인어를 배우는 것은 어려운 것 같다. ➡ _____

오늘 꼭 기억해 두어야 할 문장! 완전히 내 것으로 만들어 봐요.

① Creo que hacer amigos es fácil.(= Pienso que hacer amigos es fácil.)

② Creo que Yessi es divertida.(= Pienso que Yessi es divertida.)

③ Creo que Juana aprende inglés.(= Pienso que Juana aprende inglés.)

정답

1　a. creo – pienso / b. crees – piensas / c. cree – piensa / d. creemos – pensamos / e. creen – piensan

2　a. Pienso que él me ama. / b. Pienso que voy a llegar tarde. / c. Pienso que aprender español es muy interesante. / d. Creo que ella es muy amable.

3　a. Creo que hacer amigos es fácil.(= Pienso que hacer amigos es fácil.) / b. Creo que Yessi es divertida.(= Pienso que Yessi es divertda.) / c. Creo que Juana aprende inglés.(= Pienso que Juana aprende inglés.)

4　a. Creo que él es abogado.(= Pienso que él es abogado.) / b. Creo que ella es profesora.(= Pienso que ella es profesora.) / c. Creo que Juan canta bien.(= Pienso que Juan canta bien.) / d. Creo que aprender español es difícil.(= Pienso que aprender español es difícil.)

❶ Lo importante es la vida.

❷ Lo importante es vivir felizmente.
(=Lo importante es vivir felizmente.)

❸ Lo más difícil es viajar por todo el mundo.

❹ Lo que quiero es un café.

❺ Lo que quiero es vivir el momento.

❻ Lo que quiero saber es cómo estudiar español.

❼ Lo que quiero hacer es viajar por España.

❽ Lo que me gusta es cocinar.

❾ En mi tiempo libre lo que me gusta hacer es cocinar.
(= Lo que me gusta hacer en mi tiempo libre es cocinar.)

❿ Creo que Daniel es cantante.

⓫ Creo que aprender español es difícil.

⓬ Pienso que 우성 me ama.

⓭ Pienso que voy a casarme con 우성 오빠.

⓮ Pienso que voy a llegar tarde.

스페인어를 사용하는 중남미 국가 4탄,
온두라스(Honduras)

▲ 로아탄(Roatan)

위치 | 중앙아메리카 중부

시차 | 15시간 느림(한국 기준)

화폐 | 렘피라(Lempira)

인구 | 1,029만 명

수도 | 테구시갈파(Tegucigalpa)

주요도시 | 산 페드로 술라(San Pedro Sula), 코마야과(Comayagua)

특징 | 온두라스는 우리나라 사람들에게는 잘 알려지지 않은 작은 나라지만, 이 곳에도 아주 유명한 관광지가 있습니다. 온두라스 휴양지 중 가장 유명한 곳은 바로 '로이탄(Roatan)'이라는 곳인네요. 로아탄은 온두라스 제도 중 가장 큰 섬으로, 본토로부터 약 60km 동쪽에 위치하고 있습니다. 이 섬은 서기 1502년~1504년 콜롬버스의 4차 아메리카 항해 시 처음 발견된 곳이기 때문에 역사가 꽤 깊어요. 에메랄드 빛 바다가 인상적인 로아탄 주변은 거대한 암초가 울타리처럼 둘러싸고 있어서 바다임에도 불구하고 물이 매우 잔잔합니다. 그래서 낚시나 다이빙, 스노클링과 같은 수상 스포츠를 즐기기에 최적화된 장소라고 할 수 있어요. '한없이 깊은 물'이라는 뜻을 가진 온두라스의 국명처럼, 카리브해의 한없이 투명하고 깨끗한 바다에서 스노클링을 즐겨 보는 건 어떨까요?

PARTE

05

오늘 날씨 어때?

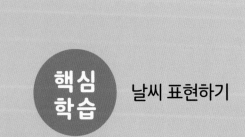

핵심 학습　날씨 표현하기

Capítulo 14

¡Hoy hace mucho sol!

오늘은 정말 화창합니다!

학습 목표 이번 시간에는 날씨 표현에 대해서 배워 보겠습니다.

학습 단어 recuerdo m. 기념품 | tiempo m. 날씨 | calor m. 더위 | frio m. 추위 | sol m. 태양 | viento m. 바람 | fresco m. 신선함 | buen tiempo 좋은 날씨 | mal tiempo 나쁜 날씨 | llover 비가 오다 | nevar 눈이 오다

STEP 1 지난 시간 복습

잠깐! 다시 떠올려 볼까요?

❶ creer 동사와 pensar 동사

지난 시간에는 'creo que ~'와 'pienso que ~'를 활용하여 자신의 의견을 말하는 방법에 대해 배웠습니다.

[creer 동사 현재시제 규칙 변화 형태]

creer 믿다, ~라고 생각하다	
Yo	creo
Tú	crees
Usted / Él / Ella	cree
Nosotros/as	creemos
Vosotros/as	creéis
Ustedes / Ellos / Ellas	creen

[pensar 동사 현재시제 불규칙 변화 형태]

pensar 생각하다	
Yo	pienso
Tú	piensas
Usted / Él / Ella	piensa
Nosotros/as	pensamos
Vosotros/as	pensáis
Ustedes / Ellos / Ellas	piensan

❷ 지난 강의 주요 표현

✔ 탱고를 추는 것은 어려운 것 같다. → Creo que bailar tango es difícil.

✔ 스페인어를 배우는 것은 흥미로운 것 같다. → Creo que aprender español es interesante.

✔ 친구를 사귀는 것은 어려운 것 같다.　　→ Pienso que hacer amigos es difícil.

✔ Daniel은 수영을 매우 잘하는 것 같다.　→ Pienso que Daniel nada muy bien.

오늘도 하나씩 쌓아 가기!

오늘의 표현과 단어를 하나씩 쌓고, 밑줄 포인트를 익혀 봅시다.

❶ 오늘의 표현

✔ 어디에서 (제가) 기념품을 살 수 있나요?　→ ¿Dónde puedo comprar recuerdos?

TIP 기념품 → los recuerdos

❷ 오늘의 단어

✔ 날씨	→ el tiempo
✔ 더위	→ el calor
✔ 추위	→ el frío
✔ 태양	→ el sol
✔ 바람	→ el viento
✔ 선선함	→ el fresco
✔ 좋은 날씨	→ buen tiempo
✔ 나쁜 날씨	→ mal tiempo
✔ 비가 오다	→ llover
✔ 눈이 오다	→ nevar

❸ 오늘의 밑줄 긋기

✎ 'buen tiempo', 'mal tiempo'의 경우, 형용사 'bueno', 'malo'가 남성 단수 명사 앞에 위치했을 때 '-o'가 탈락된 형태입니다.

오늘의 학습

오늘은 무엇을 배워 볼까요?

① 오늘의 핵심 포인트

이번 시간에는 날씨를 표현하는 방법에 대해서 배워 보겠습니다. '날씨가 덥다!, 날씨가 춥다!'와 같이 날씨를 표현할 때에는 hacer 동사를 관용적으로 사용합니다. 또한, '비가 오다 = llover', '눈이 오다 = nevar'와 같은 동사도 함께 학습해 봅시다.

② hacer 동사를 활용하여 날씨 표현하기

[hacer 동사 현재시제 불규칙 변화 형태]

hacer 하다, 만들다	
Yo	hago
Tú	haces
Usted / Él / Ella	hace
Nosotros/as	hacemos
Vosotros/as	hacéis
Ustedes / Ellos / Ellas	hacen

'날씨가 더워요!'와 같이 날씨를 표현할 때에는 hacer 동사의 3인칭 단수 형태 'hace'를 활용합니다.

✔ 오늘 날씨 어때요? ➡ ¿Qué tiempo hace hoy?

✔ 날씨가 더워요! ➡ ¡Hace calor!

✔ 날씨가 추워요! ➡ ¡Hace frío!

✔ 날씨가 화창해요! ➡ ¡Hace sol!

✔ 바람이 불어요! → ¡Hace viento!

✔ 날씨가 선선해요! → ¡Hace fresco!

✔ 좋은 날씨예요! → ¡Hace buen tiempo!

✔ 나쁜 날씨예요! → ¡Hace mal tiempo!

TIP '¡Tengo calor!'는 '내가 덥다'라는 뜻이고, '¡Hace calor!'는 '날씨가 덥다'라는 뜻입니다.

[날씨 표현 강조하기]

Hace	**mucho**	calor
		frío
		sol
		viento
		fresco
	muy	buen tiempo
		mal tiempo

✔ 오늘 날씨 어때요? → ¿Qué tiempo hace hoy?

✔ 정말 더워요! → ¡Hace mucho calor!

✔ 매우 좋은 날씨예요! → ¡Hace muy buen tiempo!

③ llover 동사와 nevar 동사

llover 동사와 nevar 동사를 활용하여 '비가 오다'와 '눈이 오다'를 표현해 봅시다. llover 동사는 현재시제일 때 'o → ue'로 바뀌는 불규칙 동사이고, nevar 동사는 'e → ie'로 바뀌는 불규칙 동사로, 날씨와 관련된 동사는 항상 3인칭 단수 형태만 사용된다는 점을 기억해 주세요.

✔ 비가 와요!   ➜ ¡Llueve!

✔ 비가 많이 와요!   ➜ ¡Llueve mucho!

✔ 눈이 와요!   ➜ ¡Nieva!

✔ 눈이 많이 와요!   ➜ ¡Nieva mucho!

✔ 비가 오고 있어요!   ➜ ¡Está lloviendo!

✔ 눈이 오고 있어요!   ➜ ¡Está nevando!

TIP '비가 오고 있어요!'와 같이 현재진행형으로 표현할 때 estar 동사의 3인칭 단수 형태를 활용합니다.

📅 어휘 체크 | 스페인어를 보고, 알맞은 뜻에 체크 표시(√)를 해 보세요.

1	creer	☐ 바라다	☐ ~라고 생각하다	2	pensar	☐ 생각하다	☐ 무게를 달다
3	calor	☐ 여름	☐ 더위	4	interesante	☐ 참가하다	☐ 흥미로운
5	nevar	☐ 눈보라	☐ 눈이 오다	6	sol	☐ 태양	☐ 유일한
7	frío	☐ 추위	☐ 국경의	8	recuerdo	☐ 기념품	☐ 신중한
9	viento	☐ 바람	☐ 인생	10	fresco	☐ 혈색이 좋은	☐ 신선함
11	muy	☐ 일찍	☐ 매우	12	comprar	☐ 사다	☐ 좋은 날씨
13	tiempo	☐ 나쁜	☐ 날씨	14	llover	☐ 비가 오다	☐ 울다

정답 1. ~라고 생각하다 2. 생각하다 3. 더위 4. 흥미로운 5. 눈이 오다 6. 태양 7. 추위 8. 기념품 9. 바람
10. 신선함 11. 매우 12. 사다 13. 날씨 14. 비가 오다

연습 문제

오늘 배운 내용을 완전히 내 것으로 만들어 봐요!

❶ 제시된 한국어에 알맞은 스페인어를 찾아 연결해 봅시다.

a. 비가 오다　·　　　　　　·　a. nevar

b. 눈이 오다　·　　　　　　·　b. calor

c. 더위　·　　　　　　·　c. frio

d. 추위　·　　　　　　·　d. llover

❷ 나열된 단어를 순서대로 배열하여 문장을 만들어 봅시다.

a. 정말 나쁜 날씨예요.
(tiempo / hace / mal / muy)

➡ _____

b. 바람이 많이 불어요.
(hace / viento / mucho)

➡ _____

c. 눈이 많이 오고 있어요.
(nevando / mucho / está)

➡ _____

❸ 오늘 배운 표현들을 직접 작문해 봅시다.

a. 오늘 날씨 어때요?

➡ _____

b. 정말 화창해요!

➡ _____

c. 비가 오고 있어요.

➡ _____

d. 정말 좋은 날씨예요!

➡ _____

④ 제시된 단어를 이용해 직접 작문해 봅시다.

> calor m. 더위 | frío m. 추위 | nevar 눈이 오다

a. 정말 더워요!   ➡ _____

b. 정말 추워요!   ➡ _____

c. 눈이 와요!   ➡ _____

d. 눈이 오고 있어요.   ➡ _____

오늘 꼭 기억해 두어야 할 문장! 완전히 내 것으로 만들어 봐요.

① ¿Qué tiempo hace hoy?

② ¡Hace mucho sol!

③ Está lloviendo.

④ ¡Hace muy buen tiempo!

정답

1   **a.** (d) llover / **b.** (a) nevar / **c.** (b) calor / **d.** (c) frio

2   **a.** Hace muy mal tiempo. / **b.** Hace mucho viento. / **c.** Está nevando mucho.

3   **a.** ¿Qué tiempo hace hoy? / **b.** ¡Hace mucho sol! / **c.** Está lloviendo. / **d.** ¡Hace muy buen tiempo!

4   **a.** ¡Hace mucho calor! / **b.** ¡Hace mucho frio! / **c.** ¡Nieva! / **d.** Está nevando.

Capítulo 15

A veces nieva.

가끔 눈이 옵니다.

 학습
목표

이번 시간에는 빈도부사에 대해서 배워 보겠습니다.

 학습
단어

sombrero m. (챙이 둥근) 모자 | todo/a 모든 | escuchar música 음악을 듣다 |
película f. 영화 | ver 보다

지난 시간 복습

잠깐! 다시 떠올려 볼까요?

① hacer 동사를 활용한 날씨 표현

지난 시간에는 hacer 동사를 활용하여 날씨를 표현하는 방법에 대해 학습하였습니다. '날씨가 더워요!'와 같이 날씨를 표현할 때에는 hacer 동사의 3인칭 단수 형태인 'hace'를 활용한다는 점을 꼭 기억해 주세요.

- ✔ 날씨가 더워요! → ¡Hace calor!
- ✔ 날씨가 엄청 더워요! → ¡Hace mucho calor!
- ✔ 좋은 날씨예요! → ¡Hace buen tiempo!
- ✔ 매우 좋은 날씨예요! → ¡Hace muy buen tiempo!

② llover 동사와 nevar 동사를 활용한 날씨 표현

'llover 비가 오다' 동사는 현재시제일 때 'o → ue'로 바뀌는 불규칙 동사이고, 'nevar 눈이 오다' 동사는 'e → ie'로 바뀌는 불규칙 동사입니다. 3인칭 단수 형태로만 사용된다는 점을 주의해 주세요!

- ✔ 비가 와요! → ¡Llueve!
- ✔ 눈이 와요! → ¡Nieva!

③ 지난 강의 주요 표현

- ✔ 오늘 날씨 어때요? → ¿Qué tiempo hace hoy?
- ✔ 날씨가 정말 화창해요! → ¡Hace mucho sol!
- ✔ 눈이 오고 있어요! → ¡Está nevando!

오늘도 하나씩 쌓아 가기!

오늘의 표현과 단어를 하나씩 쌓고, 밑줄 포인트를 익혀 봅시다.

❶ 오늘의 표현

✔ 이것을 뭐라고 하나요?(이것을 무엇이라 부르나요?) ➡ ¿Cómo se llama esto?

✔ '쏨브레로'라고 불러요. ➡ Se llama sombrero.

TIP 1. 챙이 둥근 모자 → el sombrero

2. 챙이 둥글고 큰 멕시코 전통 모자를 'sombrero'라고 합니다.

❷ 오늘의 단어

✔ 모든 ➡ todo/a

✔ 음악을 듣다 ➡ escuchar música

❸ 오늘의 밑줄 긋기

◆ 챙이 둥근 모자는 스페인어로 '쏨브레로(sombrero)'라고 하며, 챙이 있는 모자는 '고라(gorra)'라고 합니다. 테가 없는 모자는 '고로(gorro)'라고 한다는 점도 함께 기억해 주세요!

STEP 2 오늘의 학습

오늘은 무엇을 배워 볼까요?

① 오늘의 핵심 포인트

이번 시간에는 '항상, 자주'와 같이 빈도를 나타내는 표현에 대해서 배워 봅시다. 또한, 형용사 'todo/a'를 활용하여 '나는 매일매일 운동해, 나는 아침마다 스페인어를 공부해'와 같은 표현도 만들어 보겠습니다.

② 빈도부사

다양한 빈도 표현을 통해 '자주 비가 와, 가끔 눈이 와'와 같은 표현을 말해 봅시다.

a. 항상 → siempre

- 항상 날씨가 덥다. → Siempre hace calor.(= Hace calor siempre.)
- 항상 날씨가 춥다. → Siempre hace frío.(= Hace frío siempre.)
- 항상 날씨가 화창하다. → Siempre hace sol.(= Hace sol siempre.)

b. 자주 → con frecuencia

- 자주 비가 온다. → Con frecuencia llueve.
  (= Llueve con frecuencia.)
- 자주 날씨가 덥다. → Con frecuencia hace calor.
  (= Hace calor con frecuencia.)
- 자주 날씨가 춥다. → Con frecuencia hace frío.
  (= Hace frío con frecuencia.)

c. 종종 → a menudo

- 종종 바람이 분다. → A menudo hace viento.
  (= Hace viento a menudo.)
- 종종 날씨가 화창하다. → A menudo hace sol.
  (= Hace sol a menudo.)
- 종종 날씨가 선선하다. → A menudo hace fresco.
  (= Hace fresco a menudo.)

d. 가끔 → a veces

✔ 가끔 눈이 온다.   ➡ A veces nieva.(= Nieva a veces.)

✔ 가끔 덥다.   ➡ A veces hace calor.(= Hace calor a veces.)

TIP 빈도부사는 문장의 맨 뒤에 와도 뜻이 변하거나 달라지지 않습니다.

e. 빈도부사를 활용하여 문장 만들기

✔ 항상 나는 커피를 마신다.
   ➡ Siempre tomo café.(= Tomo café siempre.)

✔ 자주 나는 영화관에 간다.
   ➡ Con frecuencia voy al cine.(= Voy al cine con frecuencia.)

✔ 종종 나는 집에서 일한다.
   ➡ A menudo trabajo en casa.(= Trabajo en casa a menudo.)

✔ 가끔 나는 스페인어를 공부한다.
   ➡ A veces estudio español.(= Estudio español a veces.)

③ todo/os/a/as + el / los / la / las + 명사 = 모든 ~, 온 ~

'하루 종일, 매일매일'과 같은 표현은 스페인어로 어떻게 말할까요? 'todo/a'를 활용하여 배워 봅시다.

✔ 하루 종일   ➡ todo el día

✔ 매일매일   ➡ todos los días

TIP todo/a와 정관사는 명사의 성수에 맞춰 줍니다.

✔ 하루 종일 나는 스페인어를 공부한다.
   ➡ Todo el día estudio español.
     (= Estudio español todo el día.)

✔ 하루 종일 나는 음악을 듣는다.
   ➡ Todo el día escucho música.
     (= Escucho música todo el día.)

✔ 매일매일 나는 요가를 한다.

   ➡ Todos los días hago yoga.

     (= Hago yoga todos los días.)

✔ 매일매일 나는 탱고를 춘다.

   ➡ Todos los días bailo tango.

     (= Bailo tango todos los días.)

아침 내내	toda la mañana	아침마다	todas las mañanas
오후 내내	toda la tarde	오후마다	todas las tardes
밤 내내	toda la noche	밤마다	todas las noches

✔ 아침 내내 나는 수영을 한다.

   ➡ Toda la mañana nado.

     (= Nado toda la mañana.)

✔ 오후 내내 나는 스페인어를 배운다.

   ➡ Toda la tarde aprendo español.

     (= Aprendo español toda la tarde.)

✔ 밤 내내 나는 영어를 공부한다.

   ➡ Toda la noche estudio inglés.

     (= Estudio inglés toda la noche.)

✔ 아침마다 나는 커피를 마신다.

   ➡ Todas las mañanas tomo café.

     (= Tomo café todas las mañanas.)

✔ 오후마다 나는 스페인어를 공부한다.

   ➡ Todas las tardes estudio español.

     (= Estudio español todas las tardes.)

✔ 밤마다 나는 운동을 한다.

   ➡ Todas las noches hago ejercicio.

     (= Hago ejercicio todas las noches.)

연습 문제

오늘 배운 내용을 완전히 내 것으로 만들어 봐요!

① 제시된 한국어에 알맞은 스페인어를 찾아 연결해 봅시다.

a. 항상 ·   · a. todas las noches

b. 밤마다 ·   · b. todo el día

c. 오후 내내 ·   · c. siempre

d. 가끔 ·   · d. todos los días

e. 매일매일 ·   · e. toda la tarde

f. 하루 종일 ·   · f. a veces

② 나열된 단어를 순서대로 배열하여 문장을 만들어 봅시다.

a. 오후 내내 나는 음악을 듣는다.
   (tarde / toda / escucho / música / la)
   ➡ _____

b. 밤마다 나는 축구를 한다.
   (juego / las / noches / al / todas / fútbol)
   ➡ _____

c. 항상 날씨가 화창하다.
   (hace / siempre / sol)
   ➡ _____

d. 매일매일 나는 운동을 한다.
   (días / hago / ejercicio / los / todos)
   ➡ _____

③ 오늘 배운 표현들을 직접 작문해 봅시다.

a. 매일매일 너는 운동하니?
   ➡ _____

b. 응, 매일매일 나는 운동해.

➡ _____

c. 아니, 가끔 나는 운동해.

➡ _____

④ 제시된 단어를 이용해 직접 작문해 봅시다.

> película f. 영화 | ver 보다 | escuchar música 음악을 듣다 | café m. 커피

a. 나는 가끔 영화를 본다. ➡ _____

b. 나는 종종 음악을 듣는다. ➡ _____

c. 매일 아침마다 너는 커피를 마시니? ➡ _____

d. 하루 종일 나는 스페인어를 공부한다. ➡ _____

오늘 꼭 기억해 두어야 할 문장! 완전히 내 것으로 만들어 봐요.

❶ ¿Todos los días haces ejercicio?(= ¿Haces ejercicio todos los días?)

❷ Sí, todos los días hago ejercicio.(= Sí, hago ejercicio todos los días.)

❸ No, a veces hago ejercicio.(= No, hago ejercicio a veces.)

정답

1 a. (c) siempre / b. (a) todas las noches / c. (e) toda la tarde / d. (f) a veces / e. (d) todos los días / f. (b) todo el día

2 a. Toda la tarde escucho música.(= Escucho música toda la tarde.) / b. Todas las noches juego al fútbol.(=
   Juego al fútbol todas las noches.) / c. Siempre hace sol.(= Hace sol siempre.) / d. Todos los días hago ejercicio.(=
   Hago ejercicio todos los días.)

3 a. ¿Todos los días haces ejercicio?(= ¿Haces ejercicio todos los días?) / b. Sí, todos los días hago ejercicio.(= Sí,
   hago ejercicio todos los días.) / c. No, a veces hago ejercicio.(= No, hago ejercicio a veces.)

4 a. A veces veo la película.(= Veo la película a veces.) / b. A menudo escucho música.(= Escucho música a
   menudo.) / c. ¿Todas las mañanas tomas café?(= ¿Tomas café todas las mañanas?) / d. Todo el día estudio
   español.(= Estudio español todo el día.)

주요 문장 한번 더 짚고 가기!

1 ¿Qué tiempo hace hoy?

2 ¡Hace sol!

3 ¡Hace muy buen tiempo!

4 ¡Está lloviendo!

5 ¡Está nevando!

6 Siempre hace sol.
(= Hace sol siempre.)

7 Con frecuencia hace frío.
(= Hace frío con frecuencia.)

8 A veces nieva.
(= Nieva a veces.)

9 Todos los días bailo tango.
(= Bailo tango todos los días.)

10 Toda la tarde aprendo español.
(= Aprendo español toda la tarde.)

11 Todas las mañanas tomo café.
(= Tomo café todas las mañanas.)

스페인어를 사용하는 중남미 국가 5탄, 니카라과(Nicaragua)

▲ 오메테페(Ometepe)

위치 | 중앙아메리카 중부

시차 | 15시간 느림(한국 기준)

화폐 | 코르도바(Córdoba)

인구 | 661만 명

수도 | 마나과(Managua)

주요도시 | 그라나다(Granada), 레온(León), 리바스(Rivas), 마사야(Masaya)

특징 | 온두라스와 코스타리카 사이에 위치한 니카라과는 자연 경관으로 유명한 국가 중 하나입니다. 예로부터 화산 활동이 활발했던 지형적인 특성상 니카라과에는 50개가 넘는 화산이 있으며, 그 주위로 크고 작은 호수들이 존재합니다. 특히 '오메테페(Ometepe)'는 니카라과를 대표하는 관광지인데요. 이 곳은 '콘셉시온(Concepción)'과 '마데라스(Maderas)'라는 두 화산으로 이루어진 섬으로, 이 두 화산이 낮은 지협으로 연결되어 모래시계 모양을 하고 있다는 특징이 있습니다. 호수가 워낙 넓기 때문에 '푼타 헤수스 마리아(Punta Jesús María)'라고 불리는 해변이 존재하며, 저녁에는 호수 지평선 너머로 멋진 일몰을 볼 수 있다고 합니다. 뿐만 아니라, 화산을 직접 오를 수 있는 트레킹 코스도 있기 때문에 모험을 즐기는 등산객들에게 아주 인기가 많답니다.

PARTE

06

어제 나는 식당에서 빠에야를 먹었어.

단순 과거시제 학습하기

Capítulo

16

Ayer visité el Parque Güell.

어제 나는 구엘 공원을 방문했습니다.

학습 목표

'어제 나는 친구들과 저녁을 먹었어'는 스페인어로 어떻게 말할까요? 이번 시간부터는 과거의 일을 말해 봅시다. 스페인어의 과거시제는 두 가지로 나뉩니다. 그 중에서 오늘은 단수 인칭에 따른 -ar 동사의 단순 과거시제 규칙 변화 형태에 대해서 배워 보겠습니다.

학습 단어

restaurante m. 식당 | visitar 방문하다 | Parque Güell m. 구엘 공원 | flamenco m. 플라멩코 | falda f. 치마 | ayer 어제 | academia f. 학원

STEP 1 지난 시간 복습

잠깐! 다시 떠올려 볼까요?

❶ 빈도부사

- ✔ 항상   → siempre
- ✔ 자주   → con frecuencia
- ✔ 종종   → a menudo
- ✔ 가끔   → a veces

❷ 'todo/a'를 활용하여 빈도 표현하기

하루 종일	todo el día	매일매일	todos los días
아침 내내	toda la mañana	아침마다	todas las mañanas
오후 내내	toda la tarde	오후마다	todas las tardes
밤 내내	toda la noche	밤마다	todas las noches

❸ 지난 강의 주요 표현

- ✔ 한국에는 가끔 눈이 온다.
  - → En Corea nieva a veces.(= Nieva a veces en Corea.)

- ✔ 자주 바람이 분다.
  - → Con frecuencia hace viento.(= Hace viento con frecuencia.)

- ✔ 매일매일 너는 스페인어를 공부하니?
  - → ¿Todos los días estudias español?
    (= ¿Estudias español todos los días?)

✔ 응, 매일매일 나는 스페인어를 공부해.

    → Sí, todos los días estudio español.

      (= Sí, estudio español todos los días.)

✔ 아니, 가끔 나는 스페인어를 공부해.

    → No, a veces estudio español.

      (= No, estudio español a veces.)

오늘도 하나씩 쌓아 가기!

오늘의 표현과 단어를 하나씩 쌓고, 밑줄 포인트를 익혀 봅시다.

❶ 오늘의 표현

✔ 10페소에 2개 주세요. → Deme 2 por 10 pesos.

TIP 가격을 흥정할 때 이 표현을 사용해 보세요.

❷ 오늘의 단어

✔ 식당	→ el restaurante
✔ 방문하다	→ visitar
✔ 구엘 공원	→ el Parque Güell
✔ 구엘 공원을 방문하다	→ visitar el Parque Güell
✔ 플라멩코	→ el flamenco
✔ 플라멩코를 추다	→ bailar flamenco
✔ 치마	→ la falda
✔ 치마 하나를 구입하다	→ comprar una falda
✔ 어제	→ ayer
✔ 학원	→ la academia

❸ 오늘의 밑줄 긋기

◆ 스페인어에서 '~(얼마)로, ~(얼마)에'라는 표현으로 전치사 'por'를 씁니다. 물건 하나를 사면 하나를 더 주는 '원 플러스 원'은 스페인어로 '도스 뽀르 우노(dos por uno)'라고 말한다는 사실, 기억해 주세요!

STEP 2 오늘의 학습

오늘은 무엇을 배워 볼까요?

① 오늘의 핵심 포인트

스페인어 과거시제는 크게 두 가지로 나뉩니다.

단순 과거	불완료 과거
▼	▼
끝났나?	지속됐나?
🇪🇯 봤다.	🇪🇯 보곤 했다.

이번 시간부터 단순 과거시제를 배워 봅시다. 단수 인칭에 따른 -ar 동사의 규칙 변화 형태를 통해 '어제 나는 떼낄라를 마셨어, 어제 나는 치마 하나를 구입했어'와 같은 문장을 말해 보겠습니다.

② 단순 과거시제 - 단수 인칭에 따른 -ar 동사의 규칙 변화 형태

tomar 마시다 → 마셨다	
Yo	tom**é**
Tú	tom**aste**
Usted / Él / Ella	tom**ó**

- ✔ 나는 떼낄라를 마셨다.　　→ Tomé tequila.
- ✔ 나는 물을 마셨다.　　→ Tomé agua.
- ✔ 나는 커피를 마셨다.　　→ Tomé café.

- ✔ 너는 떼낄라를 마셨니?　　→ ¿Tomaste tequila?
- ✔ 너는 물을 마셨니?　　→ ¿Tomaste agua?
- ✔ 너는 커피를 마셨니?　　→ ¿Tomaste café?
- ✔ 당신은 커피를 마셨어요?　　→ ¿Usted tomó café?

✔ 당신은 떼낄라를 마셨어요?　　→ ¿Usted tomó tequila?

✔ 그는 물을 마셨다.　　→ Él tomó agua.

✔ 그녀는 커피를 마셨다.　　→ Ella tomó café.

❸ 응용(1)

　a. '나는 ~했다'

✔ 나는 담배를 피웠다.　　→ Fumé.

✔ 나는 집에서 담배를 피웠다.　　→ Fumé en casa.

✔ 나는 말했다.　　→ Hablé.

✔ 나는 우리 엄마와 말했다.　　→ Hablé con mi mamá.

✔ 나는 노래했다.　　→ Canté.

✔ 나는 어떤 바에서 노래했다.　　→ Canté en un bar.

　b. '너는 ~했어?'

✔ 너는 담배를 피웠어?　　→ ¿Fumaste?

✔ 너는 여기에서 담배를 피웠어?　　→ ¿Fumaste aquí?

✔ 너는 말했어?　　→ ¿Hablaste?

✔ 너는 Yessi랑 말했어?　　→ ¿Hablaste con Yessi?

✔ 너는 노래했어?　　→ ¿Cantaste?

✔ 너는 집에서 노래했어?　　→ ¿Cantaste en casa?

c. '당신은 ~했어요?'

✔ 당신은 담배를 피웠어요?   → ¿Usted fumó?

✔ 당신은 여기에서 담배를 피웠어요?   → ¿Usted fumó aquí?

✔ 당신은 말했어요?   → ¿Usted habló?

✔ 당신은 우리 아빠와 말했어요?   → ¿Usted habló con mi papá?

✔ 당신은 노래했어요?   → ¿Usted cantó?

✔ 당신은 그 식당에서 노래했어요?   → ¿Usted cantó en el restaurante?

④ 응용(2)

지금까지 배운 -ar 동사 단순 과거시제 규칙 형태를 대화에서 응용해 봅시다.

✔ 어제 너는 일했어?   → ¿Ayer trabajaste?
                              (= ¿Trabajaste ayer?)

✔ 응, 하루 종일 나는 일했어.   → Sí, todo el día trabajé.
                              (= Sí, trabajé todo el día.)

✔ 아니, 나는 일 안 했어.   → No, no trabajé.

✔ 어제 너는 뭐 했어?   → ¿Qué hiciste ayer?

✔ 어제 나는 구엘 공원을 방문했어.   → Ayer visité el Parque Güell.

✔ 학원에서 플라멩코를 췄어.   → En la academia bailé flamenco.

✔ 그리고 저기에서 치마 하나를 샀어.   → Y allí compré una falda.

TIP 'hiciste'는 'hacer(하다) 동사'의 단순 과거시제 형태입니다. 곧 배우니 너무 걱정하지 마시고, 크게 따라 읽어 주세요!

연습 문제

오늘 배운 내용을 완전히 내 것으로 만들어 봐요!

❶ 인칭대명사에 따라 tomar, hablar 동사의 단순 과거형을 적어 봅시다.

	tomar	hablar
a. Yo		
b. Tú		
c. Él / Ella / Usted		

❷ 단순 과거형을 사용하여 다음 질문에 답해 봅시다.

> **보기**
>
> ¿Fumaste? (Si) ➡ Sí fumé.
>
> ¿Fumaste? (No) ➡ No, no fumé.

a. ¿Tomaste café? (Sí)

➡ _____

b. ¿Usted estudió español ayer? (No)

➡ _____

c. ¿Usted cantó? (No)

➡ _____

d. ¿Trabajaste ayer? (Sí)

➡ _____

❸ 오늘 배운 표현들을 직접 작문해 봅시다.

a. 어제 너는 뭐 했어?

➡ _____

b. 어제 나는 구엘 공원을 방문했어.

➡ _____

c. 나는 학원에서 플라멩코를 췄어.

➡ _____

d. 그리고 저기에서 치마 하나를 구입했어.

➡ _____

❹ 제시된 단어를 이용해 직접 작문해 봅시다.

> falda f. 치마 | tequila m. 떼낄라 | todo el día 하루 종일 | bar m. 바

a. 나는 Juan이랑 말했다.   ➡ _____

b. 나는 하루 종일 일했다.   ➡ _____

c. 어제 너는 그 치마를 샀니?   ➡ _____

d. 나는 어떤 바에서 떼낄라를 마셨어.   ➡ _____

오늘 꼭 기억해 두어야 할 문장! 완전히 내 것으로 만들어 봐요.

❶ ¿Qué hiciste ayer?   ❷ Ayer visité el Parque Güell.

❸ Bailé flamenco en la academia.   ❹ Y allí compré una falda.

정답

1   a. tomé – hablé / b. tomaste – hablaste / c. tomó – habló

2   a. Sí, tomé café. / b. No, no estudié español ayer. / c. No, no canté. / d. Sí, trabajé ayer.

3   a. ¿Qué hiciste ayer? / b. Ayer visité el Parque Güell. / c. Bailé flamenco en la academia. / d. Y allí compré una falda.

4   a. Hablé con Juan. / b. Trabajé todo el día.(= Todo el día trabajé.) / c. ¿Compraste la falda ayer?(= ¿Ayer compraste la falda?) / d. Tomé tequila en un bar.

Capítulo 17

Ayer comí paella en el restaurante.

어제 나는 식당에서 빠에야를 먹었습니다.

학습 목표

이번 시간에는 지난 시간에 이어 단순 과거시제를 학습해 보겠습니다. 복수 인칭에 따른 -ar 동사 규칙 변화 형태와 단수 인칭에 따른 -er 동사, -ir 동사의 규칙 변화 형태에 대해서 배워 봅시다.

학습 단어

envolver 포장하다, 싸다 | carta f. 편지 | salir del hotel 호텔에서 나가다 | restaurante m. 식당 | en la tarde 오후에 | corrida f. 경주 | toro m. 황소, 수소 | corrida de toros f. 투우 경기

지난 시간 복습

잠깐! 다시 떠올려 볼까요?

❶ 단순 과거시제 - 단수 인칭에 따른 -ar 동사 규칙 변화 형태

tomar 마시다 → 마셨다	
Yo	tom**é**
Tú	tom**aste**
Usted / Él / Ella	tom**ó**

❷ 지난 강의 주요 표현

✔ 나는 구엘 공원을 방문했어.　→ Visité el Parque Güell.

✔ 나는 플라멩코를 췄어.　→ Bailé flamenco.

✔ 나는 치마 하나를 구입했어.　→ Compré una falda.

오늘도 하나씩 쌓아 가기!

오늘의 표현과 단어를 하나씩 쌓고, 밑줄 포인트를 익혀 봅시다.

❶ 오늘의 표현

✔ 그것을 포장해 줄 수 있나요? → ¿Puede envolverlo?

TIP 포장하나, 싸나 → envolver(현재시제일 때 'o → ue'로 바뀌는 불규칙 동사)

❷ 오늘의 단어

- ✔ 편지 → la carta
- ✔ 호텔에서 나가다 → salir del hotel
- ✔ 식당 → el restaurante
- ✔ 오후에 → en la tarde
- ✔ 경주 → la corrida
- ✔ 황소, 수소 → el toro
- ✔ 투우 경기 → la corrida de toros

❸ 오늘의 밑줄 긋기

◆ 스페인에서는 투우 경기를 위한 소를 따로 관리한다고 합니다. 이렇게 따로 길러지는 소를 스페인어로 '또로스 브라보스(toros bravos)', 혹은 'toro de lidia(또로 데 리디아)'라고 부릅니다. 투우 경기는 스페인의 오랜 전통이지만, 최근에는 동물을 보호하고자 하는 이유 때문에 논란이 되고 있는 스포츠이기도 합니다.

오늘의 학습

오늘은 무엇을 배워 볼까요?

① 오늘의 핵심 포인트

오늘은 저번 시간에 이어 단순 과거시제를 배워 봅시다. 복수 인칭에 따른 -ar 동사 규칙 변화 형태와 단수 인칭에 따른 -er 동사, -ir 동사의 규칙 변화 형태를 학습하겠습니다.

② 단순 과거시제 - 복수 인칭에 따른 -ar 동사 규칙 변화 형태

tomar 마시다 → 마셨다	
Nosotros/as	tom**amos**
Vosotros/as	tom**asteis**
Ustedes / Ellos / Ellas	tom**aron**

- ✔ 너희들은 기차를 탔니? → ¿Tomasteis el tren?
- ✔ 당신들은 기차를 탔어요? → ¿Ustedes tomaron el tren?
- ✔ 네, 우리들은 기차를 탔어요. → Sí, tomamos el tren.
- ✔ 아니요, 우리들은 기차를 안 탔어요. → No, no tomamos el tren.

③ 단순 과거시제 - 단수 인칭에 따른 -er 동사, -ir 동사의 규칙 변화 형태

단순 과거시제일 때 -er 동사, -ir 동사는 규칙 변화 형태가 동일합니다. 'comer 먹다' 동사와 'salir 나가다' 동사를 통해 확인해 봅시다.

a. -er 동사

comer 먹다 → 먹었다	
Yo	com**í**
Tú	com**iste**
Usted / Él / Ella	com**ió**

✔ 나는 빠에야를 먹었다.	➡ Comí paella.
✔ 너는 타코를 먹었니?	➡ ¿Comiste tacos?
✔ 당신은 해산물을 먹었어요?	➡ ¿Usted comió mariscos?

✔ 나는 커피를 팔았다.	➡ Vendí café.
✔ 너는 해산물을 팔았어?	➡ ¿Vendiste mariscos?
✔ 당신은 타코를 팔았어요?	➡ ¿Usted vendió tacos?

✔ 나는 스페인어를 배웠다.	➡ Aprendí español.
✔ 너는 영어를 배웠니?	➡ ¿Aprendiste inglés?
✔ 당신은 중국어를 배웠어요?	➡ ¿Usted aprendió chino?

b. -ir 동사

salir 나가다 → 나갔다	
Yo	sal**í**
Tú	sal**iste**
Usted / Él / Ella	sal**ió**

✔ 나는 늦게 나갔다.	➡ Salí tarde.
✔ 너는 일찍 나갔니?	➡ ¿Saliste temprano?
✔ 너는 8시에 나갔니?	➡ ¿Saliste a las ocho?
✔ 당신은 11시에 나갔어요?	➡ ¿Usted salió a las once?

✔ 나는 창문을 열었다.	➡ Abrí la ventana.
✔ 너는 문을 열었니?	➡ ¿Abriste la puerta?
✔ 당신은 창문을 열었어요?	➡ ¿Usted abrió la ventana?

✔ 나는 편지 하나를 썼다.   → Escribí una carta.

✔ 너는 무언가를 적었니?   → ¿Escribiste algo?

✔ 당신은 편지 하나를 썼어요?   → ¿Usted escribió una carta?

c. 특별한 'ver 보다' 동사

ver 보다 → 봤다	
Yo	vi
Tú	viste
Usted / Él / Ella	vio

TIP ver 동사의 과거시제는 강세 부호가 없으니 주의해 주세요.

✔ 나는 축구를 봤다.   → Vi el fútbol.

✔ 너는 TV를 봤니?   → ¿Viste la tele?

✔ 당신은 축구를 봤어요?   → ¿Usted vio el fútbol?

d. 응용

✔ 어제 너는 뭐 했어?   → ¿Qué hiciste ayer?

✔ 어제 나는 호텔에서 11시에 나갔어.   → Ayer salí del hotel a las once.

✔ 그리고 나는 식당에서 빠에야를 먹었어.   → Y comí paella en el restaurante.

✔ 오후에 나는 투우 경기를 봤어.   → En la tarde vi la corrida de toros.

TIP '오후에'를 'por la tarde'라고도 합니다.

연습 문제

오늘 배운 내용을 완전히 내 것으로 만들어 봐요!

❶ 인칭대명사에 따라 salir, ver 동사의 단순 과거형을 적어 봅시다.

	salir	ver
a. Yo		
b. Tú		
c. Él / Ella / Usted		

❷ 단순 과거형을 사용하여 다음 질문에 답해 봅시다.

> **보기**
>
> ¿Comiste paella? (Sí) → Sí, comí paella.
> ¿Comiste paella? (No) → No, no comí paella.

a. ¿Ustedes tomaron el autobús? (Sí)

→ _____

b. ¿Usted escribió la carta? (No)

→ _____

c. ¿Viste la película? (Sí)

→ _____

d. ¿Saliste temprano? (Sí)

→ _____

e. Usted comió mariscos? (No)

→ _____

❸ 오늘 배운 표현들을 직접 작문해 봅시다.

　　a. 어제 너는 뭐 했어?

　　➡ _____

　　b. 어제 나는 11시에 호텔에서 나갔어.

　　➡ _____

　　c. 그리고 나는 식당에서 빠에야를 먹었어.

　　➡ _____

　　d. 오후에 나는 투우 경기를 봤어.

　　➡ _____

❹ 제시된 단어를 이용해 직접 작문해 봅시다.

> temprano 일찍 | béisbol m. 야구 | carta f. 편지 | corrida de toros f. 투우 경기

　　a. 나는 일찍 나갔다.　　　　　➡ _____

　　b. 당신은 야구를 봤나요?　　　➡ _____

　　c. 나는 편지 하나를 썼다.　　　➡ _____

　　d. 너는 투우 경기를 봤니?　　　➡ _____

오늘 꼭 기억해 두어야 할 문장! 완전히 내 것으로 만들어 봐요.

❶ ¿Qué hiciste ayer?　　　　　❷ Salí del hotel a las once.

❸ Y comí paella en el restaurante.　❹ En la tarde vi la corrida de toros.

정답

1　a. salí – vi / b. saliste – viste / c. salió – vio

2　a. Sí, tomamos el autobús. / b. No, no escribí la carta. / c. Sí, vi la película. / d. Sí, salí temprano. / e. No, no comí mariscos.

3　a. ¿Qué hiciste ayer? / b. Ayer salí del hotel a las once. / c. Y comí paella en el restaurante. / d. En la tarde vi la corrida de toros.

4　a. Salí temprano. / b. ¿Usted vio el béisbol? / c. Escribí una carta. / d. ¿Viste la corrida de toros?

Capítulo

18

Ayer fui al mercado.

어제 나는 시장에 갔습니다.

학습
목표

이번 시간에는 지난 시간에 이어 단순 과거시제를 학습해 봅시다. 복수 인칭에 따른 -er 동사, -ir 동사의 규칙 변화 형태를 배워 보고, ir 동사의 불규칙 형태도 학습해 보겠습니다.

학습
단어

farmacia f. 약국 | **descansar** 쉬다 | **mercado** m. 시장 | **ir al mercado** 시장에 가다

지난 시간 복습

잠깐! 다시 떠올려 볼까요?

지난 시간에 학습한 내용을 복습해 봅시다.

① 단순 과거시제 -ar 동사 규칙 변화 형태

tomar 마시다 → 마셨다	
Yo	tomé
Tú	tomaste
Usted / Él / Ella	tomó
Nosotros/as	tomamos
Vosotros/as	tomasteis
Ustedes / Ellos / Ellas	tomaron

② 단순 과거시제 - 단수 인칭에 따른 -er 동사, -ir 동사 규칙 변화 형태

comer 먹다 → 먹었다	
Yo	comí
Tú	comiste
Usted / Él / Ella	comió

salir 나가다 → 나갔다	
Yo	salí
Tú	saliste
Usted / Él / Ella	salió

[특별한 ver 동사]

ver 보다 → 봤다	
Yo	vi
Tú	viste
Usted / Él / Ella	vio

TIP ver 동사의 과거시제는 강세 부호가 없으니 주의해 주세요.

❸ 지난 강의 주요 표현

- ✔ 오늘 뭐 했어? → ¿Qué hiciste ayer?

- ✔ 나는 호텔에서 11시에 나갔어. → Salí del hotel a las once.

- ✔ 나는 식당에서 빠에야를 먹었어. → Comí paella en el restaurante.

- ✔ 나는 투우 경기를 봤어. → Vi la corrida de toros.

오늘도 하나씩 쌓아 가기!

오늘의 표현과 단어를 하나씩 쌓고, 밑줄 포인트를 익혀 봅시다.

❶ 오늘의 표현

- ✔ 약국이 어디에 있나요? → ¿Dónde hay una farmacia?

TIP 약국 → la farmacia

❷ 오늘의 단어

- ✔ 쉬다 → descansar

- ✔ 시장 → el mercado

- ✔ 시장에 가다 → ir al mercado

❸ 오늘의 밑줄 긋기

◆ '약국'을 뜻하는 단어는 스페인어로 'farmacia'입니다. 그렇다면 약국에서 약을 처방해 주는 '약사'는 스페인어로 어떻게 말할까요? 스페인어로 '약사'는 'el farmacéutico(남성)', 'la farmacéutica(여성)'라고 표현합니다. 기억해 두었다가 꼭 한번 사용해 보세요!

오늘의 학습

오늘은 무엇을 배워 볼까요?

① 오늘의 핵심 포인트

오늘은 지난 시간에 이어 복수 인칭에 따른 -er 동사, -ir 동사의 규칙 변화 형태에 대해서 학습하고,
'ir 가다' 동사의 단순 과거시제 불규칙 형태를 배워 봅시다.

② 단순 과거시제 - -er 동사, -ir 동사 규칙 변화 형태

a. 단순 과거시제 - -er 동사 규칙 변화 형태

comer 먹다 → 먹었다	
Yo	com**í**
Tú	com**iste**
Usted / Él / Ella	com**ió**
Nosotros/as	com**imos**
Vosotros/as	com**isteis**
Ustedes / Ellos / Ellas	com**ieron**

✔ 너희들은 빠에야를 먹었니?
  ➡ ¿Comisteis paella?

✔ 당신들은 빠에야를 먹었어요?
  ➡ ¿Ustedes comieron paella?

✔ 네, 우리들은 식당에서 빠에야를 먹었어요.
  ➡ Sí, comimos paella en el restaurante.

✔ 아니요, 우리들은 빠에야를 안 먹었어요.
  ➡ No, no comimos paella.

b. 단순 과거시제 - -ir 동사 규칙 변화 형태

salir 나가다 → 나갔다	
Yo	salí
Tú	sal**iste**
Usted / Él / Ella	sal**ió**
Nosotros/as	sal**imos**
Vosotros/as	sal**isteis**
Ustedes / Ellos / Ellas	sal**ieron**

✔ 너희들은 몇 시에 나갔어?   → ¿A qué hora salisteis?

✔ 당신들은 몇 시에 나갔어요?   → ¿A qué hora salieron ustedes?

✔ 우리들은 밤 10시에 나갔어요.   → Salimos a las diez de la noche.

c. 단순 과거시제 - ver 동사 변화 형태

ver 보다 → 봤다	
Yo	vi
Tú	v**iste**
Usted / Él / Ella	v**io**
Nosotros/as	v**imos**
Vosotros/as	v**isteis**
Ustedes / Ellos / Ellas	v**ieron**

✔ 너희들은 축구를 봤니?   → ¿Visteis el fútbol?

✔ 당신들은 축구를 봤어요?   → ¿Ustedes vieron el fútbol?

✔ 네, 우리들은 축구를 봤어요.   → Sí, vimos el fútbol.

✔ 아니요, 우리들은 축구를 안 봤어요.   → No, no vimos el fútbol.

❸ 단순 과거시제 - ir 동사의 불규칙 변화 형태

ir 가다 → 갔다	
Yo	fui
Tú	fuiste
Usted / Él / Ella	fue
Nosotros/as	fuimos
Vosotros/as	fuisteis
Ustedes / Ellos / Ellas	fueron

TIP ser 동사와 ir 동사는 단순 과거시제 변화 형태가 동일합니다. 하지만 앞뒤 문맥에 따라 뜻을 구분할 수 있습니다.

✔ 나는 영화관에 갔다.　　　　　　　→ Fui al cine.

✔ 어제 너는 어디에 갔어?　　　　　　→ ¿A dónde fuiste ayer?

✔ 당신은 부산에 갔어요?　　　　　　→ ¿Usted fue a Busan?

✔ 우리들은 박물관에 갔다.　　　　　→ Fuimos al museo.

✔ 너희들은 어디에 갔어?　　　　　　→ ¿A dónde fuisteis?

✔ 당신들은 마드리드에 갔어요?　　　→ ¿Ustedes fueron a Madrid?

❹ 응용

✔ 어제 너는 뭐 했어?　　　　　　　　→ ¿Qué hiciste ayer?

✔ 오전에 나는 호텔에서 쉬었어.　　　→ En la mañana descansé en el hotel.

✔ 그리고 내 (여자) 친구들이랑 밥을 먹었고,　→ Y comí con mis amigas,

✔ 오후에 나는 시장에 갔어.　　　　　→ en la tarde fui al mercado.

연습 문제

오늘 배운 내용을 완전히 내 것으로 만들어 봐요!

❶ 인칭대명사에 따라 ir, ver 동사의 단순 과거형을 적어 봅시다.

	ir	ver
a. Yo		
b. Tú		
c. Él / Ella / Usted		
d. Nosotros		
e. Vosotros		
f. Ellos / Ellas / Ustedes		

❷ 단순 과거형을 사용하여 다음 질문에 답해 봅시다.

> 보기
>
> ¿Comieron paella? → (ellos) Sí, comieron paella.
>
> ¿Comieron paella? → (ellos) No, no comieron paella.

a. ¿Ustedes vieron el fútbol? (Sí)

→ (nosotros) _____

b. ¿Comisteis paella? (No)

→ (nosotros) _____

c. ¿Saliste anoche? (Sí)

→ (yo) _____

d. ¿Ustedes fueron a Valencia? (No)

→ (nosotros) _____

③ 오늘 배운 표현들을 직접 작문해 봅시다.

a. 나는 구엘 공원을 방문했었다.

➡ _____

b. 나는 식당에서 빠에야를 먹었다.

➡ _____

c. 나는 11시에 호텔에서 나갔다.

➡ _____

d. 나는 시장에 갔었다.

➡ _____

④ 제시된 단어를 이용해 직접 작문해 봅시다.

> cine m. 영화관 | tango m. 탱고 | museo m. 박물관

a. 우리들은 영화관에 갔다.   ➡ _____

b. 그들은 어제 탱고를 췄다.   ➡ _____

c. 어제 너는 뭐 했어?   ➡ _____

d. 나는 어제 박물관에 갔다.   ➡ _____

오늘 꼭 기억해 두어야 할 문장! 완전히 내 것으로 만들어 봐요.

❶ Visité el Parque Güell.

❷ Comí paella en el restaurante.

❸ Salí del hotel a las once.

❹ Fui al mercado.

정답

1   a. fui – vi / b. fuiste – viste / c. fue – vio / d. fuimos – vimos / e. fuisteis – visteis / f. fueron – vieron

2   a. Sí, vimos el fútbol. / b. No, no comimos paella. / c. Sí, salí anoche. / d. No, no fuimos a Valencia.

3   a. Visité el Parque Güell. / b. Comí paella en el restaurante. / c. Salí del hotel a las once. / d. Fui al mercado.

4   a. Fuimos al cine. / b. Ellos bailaron tango ayer.(= Ayer ellos bailaron tango.) / c. ¿Qué hiciste ayer? /
    d. Fui al museo ayer.(= Ayer fui al museo.)

Capítulo 19

Ayer no hice nada.

어제 나는 아무것도 하지 않았습니다.

학습 목표 이번 시간에도 단순 과거시제를 학습해 봅시다. venir, querer, estar, hacer 동사의 단수 인칭에 따른 불규칙 변화 형태를 배워 보겠습니다.

학습 단어 diarrea f. 설사 | venir a comprar algo 무엇을 사러 오다 | Museo del Prado m. 프라도 박물관 | estar cerrado/a 닫혀 있다

지난 시간 복습

잠깐! 다시 떠올려 볼까요?

❶ 단순 과거시제 – -ar 동사, -er 동사, -ir 동사 규칙 변화 형태

단순 과거시제 규칙 변화 형태를 복습해 봅시다.

a. -ar 동사

descansar 쉬다 → 쉬었다	
Yo	descans**é**
Tú	descans**aste**
Usted / Él / Ella	descans**ó**
Nosotros/as	descans**amos**
Vosotros/as	descans**asteis**
Ustedes / Ellos / Ellas	descans**aron**

b. -er 동사

comer 먹다 → 먹었다	
Yo	com**í**
Tú	com**iste**
Usted / Él / Ella	com**ió**
Nosotros/as	com**imos**
Vosotros/as	com**isteis**
Ustedes / Ellos / Ellas	com**ieron**

c. -ir 동사

salir 나가다 → 나갔다	
Yo	sal**í**
Tú	sal**iste**
Usted / Él / Ella	sal**ió**
Nosotros/as	sal**imos**
Vosotros/as	sal**isteis**
Ustedes / Ellos / Ellas	sal**ieron**

❷ 단순 과거시제 '- ir 가다' 동사의 불규칙 변화 형태

ir 가다 → 갔었다	
Yo	fui
Tú	fuiste
Usted / Él / Ella	fue
Nosotros/as	fuimos
Vosotros/as	fuisteis
Ustedes / Ellos / Ellas	fueron

❸ 지난 강의 주요 표현

✔ 너는 어제 뭐 했어? → ¿Qué hiciste ayer?

✔ 나는 호텔에서 쉬었어. → Descansé en el hotel.

✔ 나는 내 (여자) 친구들이랑 밥을 먹었어. → Comí con mis amigas.

✔ 나는 시장에 갔었어. → Fui al mercado.

오늘도 하나씩 쌓아 가기!

오늘의 표현과 단어를 하나씩 쌓고, 밑줄 포인트를 익혀 봅시다.

① 오늘의 표현

✔ 저 설사해요. ➡ Tengo diarrea.

TIP 설사 → la diarrea

② 오늘의 단어

✔ 무언가를 사러 오다   ➡ venir a comprar algo

✔ 프라도 박물관   ➡ el Museo del Prado

✔ 아무것도 ~하지 않다   ➡ no + 동사 + nada

✔ 닫혀 있다   ➡ estar cerrado/a

TIP 'el Museo del Prado 프라도 박물관'은 스페인 마드리드에 위치한 박물관입니다.

③ 오늘의 밑줄 긋기

◆ '닫혀 있다'의 반대말 '열려 있다'는 스페인어로 'estar abierto/a'라고 합니다. 자주 쓰는 표현이므로 'estar cerrado/a'와 함께 기억해 주세요!

오늘의 학습

오늘은 무엇을 배워 볼까요?

① 오늘의 핵심 포인트

이번 시간에는 지난 시간에 학습하였던 'ir 가다' 동사의 불규칙 형태에 이어서 단순 과거 시제 불규칙 동사를 배워 봅시다. 대표적으로 'venir 오다', 'querer 원하다', 'estar 있다', 'hacer 하다, 만들다' 동사 의 단수 인칭에 따른 변화를 학습하겠습니다.

② 단순 과거시제 - 단수 인칭에 따른 venir 동사의 불규칙 변화 형태

venir 오다 → 왔다	
Yo	vine
Tú	viniste
Usted / Él / Ella	vino

✔ 나는 4월에 한국에 왔다.　　　　　→ Vine a Corea en abril.

✔ 너는 언제 한국에 왔어?　　　　　→ ¿Cuándo viniste a Corea?

✔ Yessi는 늦게 왔다.　　　　　→ Yessi vino tarde.

✔ Yessi는 8시에 집에 왔다.　　　　　→ Yessi vino a casa a las ocho.

✔ 너는 뭐 하러 왔어?　　　　　→ ¿A qué viniste?

✔ 나는 무언가를 사러 왔어.　　　　　→ Vine a comprar algo.

③ 단순 과거시제 - 단수 인칭에 따른 querer 동사의 불규칙 변화 형태

'querer 동사 + 동사 원형 = ~하고 싶다'를 활용하여 '~하고 싶었다'를 말해 봅시다.

querer 원하다 → 원했다	
Yo	quise
Tú	quisiste
Usted / Él / Ella	quiso

✔ 어제 나는 영화관에 가고 싶었다.
　➡ Ayer quise ir al cine.

✔ 어제 나는 프라도 박물관에 가고 싶었다.
　➡ Ayer quise ir al Museo del Prado.

✔ Yessi는 아르헨티나에 가고 싶었다.
　➡ Yessi quiso ir a Argentina.

✔ 어제 나는 El Clásico를 보고 싶었어
　➡ Ayer quise ver El Clásico.

✔ 어제 너는 서울에 가고 싶었니?
　➡ ¿Ayer quisiste ir a Seúl?

✔ 어제 당신은 마드리드에 가고 싶었어요?
　➡ ¿Ayer usted quiso ir a Madrid?

④ **단순 과거시제 - 단수 인칭에 따른 estar 동사의 불규칙 변화 형태**

estar 있다 → 있었다	
Yo	estuve
Tú	estuviste
Usted / Él / Ella	estuvo

✔ 나는 호텔에 있었다.　　　　　　　→ Estuve en el hotel.

✔ 어제 너 어디에 있었어?　　　　　→ ¿Dónde estuviste ayer?

✔ 어제 당신은 어디에 있었어요?　　→ ¿Dónde estuvo usted ayer?

⑤ **단순 과거시제 - 단수 인칭에 따른 hacer 동사의 불규칙 변화 형태**

hacer 하다 → 했다	
Yo	hice
Tú	hiciste
Usted / Él / Ella	hizo

TIP 3인칭 단수일 때 발음상의 이유로 'hizo'로 표기합니다.

✔ 어제 너는 뭐 했어?　　　　→ ¿Qué hiciste ayer?

✔ 어제 당신은 뭐 했어요?　　→ ¿Qué hizo usted ayer?

✔ 나는 운동했다.　　　　　→ Hice ejercicio.

✔ 나는 아무것도 안 했어.　→ No hice nada.

⑥ 응용

이번 시간에 학습한 단순 과거시제 불규칙 동사를 다이얼로그를 통해 복습해 봅시다.

> **Daniel:** ¿A qué viniste aquí?
>
> **Yessi:** Vine a comprar algo.
>
> **Daniel:** ¿Dónde estuviste ayer?
>
> **Yessi:** Pues, quise ir al Museo del Prado, pero estuvo cerrado ayer.
>
>   Por eso, estuve en el hotel todo el día. No hice nada.
>
> **Daniel:** Si tienes tiempo mañana, ¿qué tal si vamos a cenar?
>
> **Yessi:** ¡Muy bien! ¡Hasta mañana!

TIP 그래서 → por eso / 내일 → mañana

Daniel: 여기 뭐 하러 왔어?

Yessi: 뭐 좀 사러 왔어.

Daniel: 어제 너 어디에 있었어?

Yessi: 음, 나 프라도 박물관에 가고 싶었는데, 그런데 박물관이 어제 닫혀 있었어.

      그래서 하루 종일 호텔에 있었어. 아무것도 안 했어.

Daniel: 만약 내일 시간이 된다면 우리 저녁 먹는 거 어때?

Yessi: 좋아! 내일 보자!

📅 어휘 체크 | 스페인어를 보고, 알맞은 뜻에 체크 표시(√)를 해 보세요.

1	diarrea	☐ 매일의	☐ 설사	2	venir	☐ 오다	☐ 가다
3	algo	☐ 무엇	☐ 이것	4	museo	☐ 박물관	☐ 뮤지컬
5	cerrado	☐ 닫혀진	☐ 심한	6	descansar	☐ 내리다	☐ 쉬다
7	comer	☐ 삽입화하다	☐ 먹다	8	salir	☐ 꺼내다	☐ 나가다
9	querer	☐ 원하다	☐ 사랑하는	10	coche	☐ 자동차	☐ 재단
11	estar	☐ 빌리다	☐ 있다	12	mañana	☐ 재주	☐ 내일

정답 1. 설사 2. 오다 3. 무엇 4. 박물관 5. 닫혀진 6. 쉬다 7. 먹다 8. 나가다 9. 원하다 10. 자동차 11. 있다 12. 내일

연습 문제

오늘 배운 내용을 완전히 내 것으로 만들어 봐요!

❶ 인칭대명사에 따라 venir, estar 동사의 단순 과거형을 적어 봅시다.

	venir	estar
a. Yo		
b. Tú		
c. Él / Ella / Usted		

❷ 단순 과거형을 사용하여 다음 질문에 답해 봅시다.

> **보기**
>
> ¿Hiciste yoga ayer? (Sí) ➡ Sí, hice yoga ayer.
>
> ¿Hiciste yoga ayer? (No) ➡ No, no hice yoga ayer.

a. ¿Hizo ejercicio usted ayer? (No)

➡ _____

b. ¿Estuviste en casa anoche? (Sí)

➡ _____

c. ¿Vino ella a casa? (No)

➡ _____

❸ 오늘 배운 표현들을 직접 작문해 봅시다.

a. 너는 여기에 뭐 하러 왔어?

➡ _____

b. 어제 너는 어디에 있었어?

➡ _____

c. 나는 무언가를 사러 왔어.

➡ _____

d. 어제 나는 프라도 박물관에 가고 싶었어.

➡ _____

e. 나는 호텔에 있었어.

➡ _____

④ **제시된 단어를 이용해 직접 작문해 봅시다.**

> mayo m. 5월 | coche m. 자동차 | hacer yoga 요가를 하다 | hotel m. 호텔

a. 나는 5월에 스페인에 왔다.　　➡ _____

b. 나는 자동차 한 대를 사고 싶었다.　➡ _____

c. 나는 요가를 했다.　　➡ _____

d. 나는 호텔에 있었다.　　➡ _____

오늘 꼭 기억해 두어야 할 문장! 완전히 내 것으로 만들어 봐요.

① ¿A qué viniste?　　② ¿Dónde estuviste ayer?

③ Vine a comprar algo.　　④ Ayer quise ir al Museo del Prado.

⑤ Estuve en el hotel.

정답

1 **a.** vine – estuve / **b.** viniste – estuviste / **c.** vino – estuvo

2 **a.** No, no hice ejercicio ayer. / **b.** Sí, estuve en casa. / **c.** No, no vino a casa.

3 **a.** ¿A qué viniste? / **b.** ¿Dónde estuviste ayer? / **c.** Vine a comprar algo. / **d.** Ayer quise ir al Museo del Prado. /
e. Estuve en el hotel.

4 **a.** Vine a España en mayo. / **b.** Quise comprar un coche. / **c.** Hice yoga. / **d.** Estuve en el hotel.

Capítulo
20

Vinimos a Corea en mayo.

우리들은 5월에 한국에 왔습니다.

학습
목표

이번 시간에는 지난 시간에 이어 복수 인칭에 따른 venir, querer, estar, hacer 동사의 단순 과거시제 불규칙 변화를 학습하고, tener, poder, saber 동사의 불규칙 변화 형태도 배워 봅시다.

학습
단어

dolor m. 고통 | **cabeza** f. 머리 | **saber** 알다 | **viaje** m. 여행 | **divertido/a** 재미있는

지난 시간 복습

잠깐! 다시 떠올려 볼까요?

❶ 단순 과거시제 - 단수 인칭에 따른 동사의 불규칙 변화 형태

[venir 동사]

venir 오다 → 왔다	
Yo	vine
Tú	viniste
Usted / Él / Ella	vino

[querer 동사]

querer 원하다 → 원했다	
Yo	quise
Tú	quisiste
Usted / Él / Ella	quiso

[estar 동사]

estar 있다 → 있었다	
Yo	estuve
Tú	estuviste
Usted / Él / Ella	estuvo

[hacer 동사]

hacer 하다 → 했다	
Yo	hice
Tú	hiciste
Usted / Él / Ella	hizo

❷ 지난 강의 주요 표현

✔ 너는 뭐 하러 왔어? → ¿A qué viniste?

✔ 어제 너는 어디에 있었어? → ¿Ayer dónde estuviste?
(= ¿Dónde estuviste ayer?)

✔ 나는 무언가를 사러 왔어. → Vine a comprar algo.

✔ 어제 나는 프라도 박물관에 가고 싶었어. → Ayer quise ir al Museo del Prado.

✔ 나는 호텔에 있었어. → Estuve en el hotel.

✔ 나는 아무것도 안 했어. → No hice nada.

오늘도 하나씩 쌓아 가기!

오늘의 표현과 단어를 하나씩 쌓고, 밑줄 포인트를 익혀 봅시다.

❶ 오늘의 표현

✔ 두통이 있어요. → Tengo dolor de cabeza.

TIP 고통 → el dolor / 머리 → la cabeza

❷ 오늘의 단어

✔ 알다 → saber

✔ 여행 → el viaje

✔ 재미있는 → divertido/a

❸ 오늘의 밑줄 긋기

◆ 스페인어로 '여행'은 '엘 비아헤(el viaje)'라고 합니다. 그럼 여행하는 사람, 즉 '여행자'는 어떻게 부를까요? 여행자는 스페인어로 '엘 비아헤로(el viajero, 남성)', '라 비아헤라(la viajera, 여성)'라고 표현합니다. 참고해 주세요!

오늘의 학습

오늘은 무엇을 배워 볼까요?

① 오늘의 핵심 포인트

지난 시간에는 단수 인칭에 따른 venir, querer, estar, hacer 동사의 단순 과거시제 불규칙 변화 형태를 학습하였습니다. 단수 인칭에 따른 변화 형태를 배웠으니, 복수 인칭에 따른 변화도 배워야겠죠? 이번 시간에는 복수 인칭에 따른 형태를 비롯하여 tener, poder, saber 동사의 불규칙 변화 형태까지 새롭게 배워 봅시다.

② 단순 과거시제 - 단수 인칭에 따른 tener 동사의 불규칙 변화 형태

'tener 동사 + que + 동사 원형 = ~해야 한다'를 활용하여 '~해야 했다'를 말해 봅시다. 'que' 다음에 동사 원형을 넣어야 한다는 점을 주의하여 살펴 봅시다.

tener 가지고 있다 → 가지고 있었다	
Yo	tuve
Tú	tuviste
Usted / Él / Ella	tuvo

✔ 어제 나는 병원에 가야만 했다.   ➡ Ayer tuve que ir al hospital.

✔ 어제 나는 영화관에 가야만 했다.   ➡ Ayer tuve que ir al cine.

✔ 어제 나는 쉬어야만 했다.   ➡ Ayer tuve que descansar.

✔ 어제 나는 스페인어를 공부해야만 했다.   ➡ Ayer tuve que estudiar español.

❸ 단순 과거시제 - 단수 인칭에 따른 poder 동사의 불규칙 변화 형태

'~할 수 없었다' 중심으로 말하기 연습을 해 봅시다.

poder 할 수 있다 → 할 수 있었다	
Yo	pude
Tú	pudiste
Usted / Él / Ella	pudo

- ✔ 그러나 나는 갈 수 없었다.   ➡ Pero no pude ir.
- ✔ 그러나 나는 할 수 없었다.   ➡ Pero no pude hacer.
- ✔ 그러나 나는 쉴 수 없었다.   ➡ Pero no pude descansar.

- ✔ 어제 나는 세비야에 가야만 했어.   ➡ Ayer tuve que ir a Sevilla.
- ✔ 하지만 나는 갈 수 없었어.   ➡ Pero no pude ir.
- ✔ 왜냐하면 나는 두통이 있었거든.   ➡ Porque tuve dolor de cabeza.

❹ 단순 과거시제 - 단수 인칭에 따른 saber 동사의 불규칙 변화 형태

saber 알다 → 알게 됐다	
Yo	supe
Tú	supiste
Usted / Él / Ella	supo

TIP 'saber'는 '알다'라는 뜻을 가집니다. 단순 과거 형태에서 '알았다'라는 뜻을 가져야 하지만, '알게 됐다'라는 의미가 됩니다.

- ✔ 어제 나는 Daniel이 아프다는 것을 알게 됐다.
    - ➡ Ayer supe que Daniel está enfermo.

- ✔ 어제 나는 Daniel이 스페인에 있다는 것을 알게 됐다.
    - ➡ Ayer supe que Daniel está en España.

- ✔ 어제 나는 Daniel이 의사라는 것을 알게 됐다.
    - ➡ Ayer supe que Daniel es médico.

⑤ 단순 과거시제 - 복수 인칭에 따른 venir 동사의 불규칙 변화 형태

복수 인칭에 따른 venir 동사의 불규칙 변화 형태를 배워 봅시다.

venir 오다 → 왔다	
Nosotros/as	vinimos
Vosotros/as	vinisteis
Ustedes / Ellos / Ellas	vinieron

✔ 언제 너희들은 한국에 왔니?   ➡ ¿Cuándo vinisteis a Corea?

✔ 언제 당신들은 한국에 왔어요?   ➡ ¿Cuándo vinieron ustedes a Corea?

✔ 우리들은 5월에 한국에 왔어요.   ➡ Vinimos a Corea en mayo.

⑥ 단순 과거시제 - 불규칙 동사 정리

단순 과거시제일 때 복수 인칭에 따른 venir 동사의 불규칙 변화를 살펴보았습니다. 단순 과거시제일 때 venir 동사처럼 querer, estar, hacer, tener, poder, saber 동사도 동일한 어미 형태를 가집니다. 다음의 표를 통해 확인해 봅시다.

[venir / querer 동사]

	venir 오다 → 왔다	querer 원하다 → 원했다
Yo	vine	quise
Tú	viniste	quisiste
Usted / Él / Ella	vino	quiso
Nosotros/as	vinimos	quisimos
Vosotros/as	vinisteis	quisisteis
Ustedes / Ellos / Ellas	vinieron	quisieron

[estar / hacer 동사]

	estar 있다 → 있었다	hacer 하다 → 했다
Yo	estuve	hice
Tú	estuviste	hiciste
Usted / Él / Ella	estuvo	hizo
Nosotros/as	estuvimos	hicimos
Vosotros/as	estuvisteis	hicisteis
Ustedes / Ellos / Ellas	estuvieron	hicieron

[tener / poder 동사]

	tener 가지고 있다 → 가지고 있었다	poder 할 수 있다 → 할 수 있었다
Yo	tuve	pude
Tú	tuviste	pudiste
Usted / Él / Ella	tuvo	pudo
Nosotros/as	tuvimos	pudimos
Vosotros/as	tuvisteis	pudisteis
Ustedes / Ellos / Ellas	tuvieron	pudieron

[saber 동사]

saber 알다 → 알게 됐다	
Yo	supe
Tú	supiste
Usted / Él / Ella	supo
Nosotros/as	supimos
Vosotros/as	supisteis
Ustedes / Ellos / Ellas	supieron

⑦ 특별한 동사 - ser 동사의 단순 과거시제 불규칙 변화 형태

단순 과거시제일 때 ser 동사는 ir 동사와 단순 과거 변화 형태가 동일합니다. 형태가 동일하기 때문에 앞뒤 문맥을 살펴보고 어떤 동사인지 구분할 수 있습니다.

ser 이다 → 이었다	
Yo	fui
Tú	fuiste
Usted / Él / Ella	fue
Nosotros/as	fuimos
Vosotros/as	fuisteis
Ustedes / Ellos / Ellas	fueron

✔ (너의) 여행은 어땠어? → ¿Cómo fue tu viaje?

✔ 매우 재미있었어. → Fue muy divertido.

✎ 따라 써 보기 | 한국어 해석을 보면서 스페인어를 써 보세요.

Ⓐ 너는 뭐 하러 왔어? ¿A qué viniste?

나는 무언가를 사러 왔어. Vine a comprar algo. Ⓑ

Ⓐ 언제 너희들은 한국에 왔니? ¿Cuándo vinisteis a Corea?

우리들은 5월에 한국에 왔어요. Vinimos a Corea en mayo. Ⓑ

Ⓐ (너의) 여행은 어땠어? ¿Cómo fue tu viaje?

매우 재미있었어. Fue muy divertido. Ⓑ

연습 문제

오늘 배운 내용을 완전히 내 것으로 만들어 봐요!

❶ 인칭대명사에 따라 tener, poder 동사의 단순 과거형을 적어 봅시다.

	tener	poder
a. Yo		
b. Tú		
c. Él / Ella / Usted		

❷ 주어진 동사의 단순 과거형을 사용하여 문장을 완성해 봅시다.

a. 그녀들은 4월에 한국에 왔다.

➡ Ellas _____ a Corea en abril. (venir)

b. 어제 나는 Daniel이 의사라는 것을 알게 됐다.

➡ Ayer _____ que Daniel es médico. (saber)

c. 어제 María는 병원에 가야만 했다.

➡ Ayer María _____ que ir al hospital. (tener)

d. 그러나 나는 아무것도 할 수 없었다.

➡ Pero no _____ hacer nada. (poder)

❸ 오늘 배운 표현들을 직접 작문해 봅시다.

a. 나는 투우 경기를 봤어.

➡ _____

b. 나는 시장에 갔었어.

➡ _____

c. 어제 나는 프라도 박물관에 가고 싶었어.

➡ _____

d. 그러나 나는 갈 수 없었어.

➡ _____

e. 나는 호텔에 있었어.

➡ _____

f. 나는 아무것도 안 했어.

➡ _____

④ 제시된 단어를 이용해 직접 작문해 봅시다.

> dolor m. 고통 | cabeza f. 머리 | hacer ejercicio 운동을 하다 |
> película f. 영화 | divertido/a 재미있는

a. 어제 나는 두통이 있었다.　　➡ _____

b. 그들은 운동을 했다.　　➡ _____

c. 우리들은 어제 마드리드에 가야만 했다.　➡ _____

d. 이 영화는 매우 재미있었다.　　➡ _____

오늘 꼭 기억해 두어야 할 문장! 완전히 내 것으로 만들어 봐요.

① Vi la corrida de toros.　　② Fui al mercado.

③ Ayer quise ir al Museo del Prado.　④ Pero no pude ir.

⑤ Estuve en el hotel.　　⑥ No hice nada.

정답

1　**a.** tuve – pude / **b.** tuviste – pudiste / **c.** tuvo – pudo

2　**a.** vinieron / **b.** supe / **c.** tuvo / **d.** pude

3　**a.** Vi la corrida de toros. / **b.** Fui al mercado. / **c.** Ayer quise ir al Museo del Prado. / **d.** Pero no pude ir. /
　　e. Estuve en el hotel. / **f.** No hice nada.

4　**a.** Ayer tuve dolor de cabeza. / **b.** Ellos hicieron ejercicio. / **c.** A yer tuvimos que ir a Madrid. / **d.** Esta película fue
　　muy divertida.

Capítulo 21

El chico que te presenté ayer es de España.

어제 너에게 소개해 줬던 그 남자애는 스페인 출신이야.

학습 목표　지난 시간까지 학습한 단순 과거시제를 관계대명사와 활용해 봅시다.

학습 단어　estómago m. 배 | dar 주다 | rico/a 맛있는 | barato/a 싼 | caro/a 비싼 | presentar 소개하다 | tienda f. 상점

STEP 1 지난 시간 복습

잠깐! 다시 떠올려 볼까요?

① 단순 과거시제 - 불규칙 동사 정리

지금까지 배운 단순 과거 불규칙 동사들을 정리해 봅시다.

	venir 오다 → 왔다	querer 원하다 → 원했다
Yo	vine	quise
Tú	viniste	quisiste
Usted / Él / Ella	vino	quiso
Nosotros/as	vinimos	quisimos
Vosotros/as	vinisteis	quisisteis
Ustedes / Ellos / Ellas	vinieron	quisieron

	estar 있다 → 있었다	hacer 하다 → 했다
Yo	estuve	hice
Tú	estuviste	hiciste
Usted / Él / Ella	estuvo	hizo
Nosotros/as	estuvimos	hicimos
Vosotros/as	estuvisteis	hicisteis
Ustedes / Ellos / Ellas	estuvieron	hicieron

	tener 가지고 있다 → 가지고 있었다	poder 할 수 있다 → 할 수 있었다
Yo	tuve	pude
Tú	tuviste	pudiste
Usted / Él / Ella	tuvo	pudo
Nosotros/as	tuvimos	pudimos
Vosotros/as	tuvisteis	pudisteis
Ustedes / Ellos / Ellas	tuvieron	pudieron

	saber 알다 → 알게 됐다	ser 이다 → 이었다
Yo	supe	fui
Tú	supiste	fuiste
Usted / Él / Ella	supo	fue
Nosotros/as	supimos	fuimos
Vosotros/as	supisteis	fuisteis
Ustedes / Ellos / Ellas	supieron	fueron

② 지난 강의 주요 표현

✔ 나는 무언가를 사러 왔다.	→ Vine a comprar algo.
✔ 어제 나는 프라도 박물관에 가고 싶었다.	→ Ayer quise ir al Museo del Prado.
✔ 어제 나는 호텔에 있었다.	→ Ayer estuve en el hotel.
✔ 나는 아무것도 안 했다.	→ No hice nada.
✔ 어제 나는 마드리드에 가야 했다.	→ Ayer tuve que ir a Madrid.
✔ 그러나 갈 수 없었다.	→ Pero no pude ir.
✔ 어제 나는 Yessi가 선생님이라는 것을 알게 되었다.	→ Ayer supe que Yessi es profesora.

오늘도 하나씩 쌓아 가기!
오늘의 표현과 단어를 하나씩 쌓고, 밑줄 포인트를 익혀 봅시다.

① 오늘의 표현

✔ 복통이 있어. → Tengo dolor de estómago.

TIP 위, 복부 → el estómago

② 오늘의 단어

✔ 주다	→ dar
✔ 맛있는	→ rico/a
✔ 싼	→ barato/a
✔ 비싼	→ caro/a
✔ 소개하다	→ presentar

③ 오늘의 밑줄 긋기

◆ 음식을 먹을 때 자주 사용하는 '맛있다'라는 표현 'rico/a' 외에도 'delicioso/a'와 'exquisito/a' 같은 단어를 사용할 수 있습니다.

오늘의 학습

오늘은 무엇을 배워 볼까요?

① 오늘의 핵심 포인트

오늘은 단순 과거시제와 관계대명사를 활용해 보겠습니다. '어제 내가 너에게 소개해 줬던 친구는 스페인 사람이야'와 같은 문장을 만들어 봅시다.

② 단순 과거시제와 관계 대명사 활용하기

a. dar 동사 활용하기

dar 주다 → 주었다 / 줬다	
Yo	di
Tú	diste
Usted / Él / Ella	dio
Nosotros/as	dimos
Vosotros/as	disteis
Ustedes / Ellos / Ellas	dieron

✔ 너에게 나는 줬다.   → Te di.

✔ 너에게 내가 줬던   → que te di

✔ (너에게 내가 줬던) 자동차   → el coche (que te di)

✔ 너에게 내가 줬던 책   → el libro que te di

✔ 너에게 내가 줬던 집   → la casa que te di

✔ 너에게 내가 줬던 상점   → la tienda que te di

✔ 너에게 내가 줬던 그 와인은 스페인산이다. → El vino que te di es de España.

✔ 너에게 내가 줬던 그 와인은 맛있다. → El vino que te di es rico.

✔ 너에게 내가 줬던 그 자동차는 싸다. → El coche que te di es barato.

✔ 너에게 내가 줬던 그 자동차는 비싸다. → El coche que te di es caro.

✔ 나에게 네가 줬던 그 책 → el libro que me diste

✔ 나에게 네가 줬던 그 책은 재미있다. → El libro que me diste es divertido.

✔ 나에게 네가 줬던 그 책은 흥미롭다. → El libro que me diste es interesante.

b. **presentar 동사 활용하기**

presentar 동사의 현재 시제 규칙 변화부터 살펴봅시다.

> presentar 소개하다
> → presento, presentas, presenta, presentamos, presentáis, presentan

presentar 동사의 단순 과거 규칙 변화를 살펴보고, 관계대명사와 함께 활용해 봅시다.

presentar 소개하다 → 소개했다	
Yo	presenté
Tú	presentaste
Usted / Él / Ella	presentó
Nosotros/as	presentamos
Vosotros/as	presentasteis
Ustedes / Ellos / Ellas	presentaron

✔ 너에게 나는 소개해 준다.   → Te presento.

✔ 너에게 나는 소개해 줬다.   → Te presenté.

✔ 너에게 내가 소개해 줬던   → que te presenté

✔ (너에게 내가 소개해 줬던) 남자애   → el chico (que te presenté)

✔ 너에게 내가 소개해 줬던 여자애   → la chica que te presenté

✔ 너에게 내가 소개해 줬던 여자 선생님   → la profesora que te presenté

✔ 너에게 내가 소개해 줬던 남자 의사   → el médico que te presenté

✔ 어제 너에게 내가 소개해 줬던 남자애는 중국인이다.
   → El chico que te presenté ayer es chino.

✔ 어제 너에게 내가 소개해 줬던 여자애는 스페인 출신이다.
   → La chica que te presenté ayer es de España.

✔ 어제 너에게 내가 소개해 줬던 여자 선생님은 Yessi이다.
   → La profesora que te presenté ayer es Yessi.

✔ 나에게 네가 소개해 줬던   → que me presentaste

✔ 나에게 네가 소개해 줬던 그 여자애   → la chica que me presentaste

✔ 나에게 네가 소개해 줬던 그 여자애는 누구야?
   → ¿Quién es la chica que me presentaste?

✔ 그녀는 내 (여자인) 친구야.   → Ella es mi amiga.

✔ 그녀는 내 (여자) 선생님이야.   → Ella es mi profesora.

STEP 3 연습 문제

오늘 배운 내용을 완전히 내 것으로 만들어 봐요!

❶ 인칭대명사에 따라 dar, presentar 동사의 단순 과거형을 적어 봅시다.

	dar	presentar
a. Yo		
b. Tú		
c. Él / Ella / Usted		
d. Nosotros		
e. Vosotros		
f. Ellos / Ellas / Ustedes		

❷ 나열된 단어를 순서대로 배열하여 문장을 만들어 봅시다.

a. 어제 너에게 내가 소개해 줬던 여자애는 한국 출신이다.
(que / te / Corea / ayer / presenté / es / chica / la / de)

➡ _____

b. 나에게 너가 소개해 줬던 남자애는 누구야?
(que / me / presentaste / el / es / chico / quién)

➡ _____

c. 나에게 네가 줬던 그 책은 흥미롭다.
(que / interesante / me / diste / el / es / libro)

➡ _____

d. 너에게 내가 줬던 그 와인은 비싸다.
(caro / el / vino / es / di / te / que)

➡ _____

❸ 오늘 배운 표현들을 직접 작문해 봅시다.

a. 어제 너에게 내가 줬던 그 와인

➡ _____

Capítulo 21

b. 어제 너에게 내가 줬던 그 와인은 칠레산이야.

➡ _____

c. 어제 너에게 내가 소개해 줬던 그 남자애

➡ _____

d. 어제 너에게 내가 소개해 줬던 그 남자애는 스페인 출신이야.

➡ _____

❹ **제시된 단어를 이용해 직접 작문해 봅시다.**

> dar 주다 | presenter 소개하다 | tienda 상점

a. 너에게 나는 줬다.　　　　　➡ _____

b. 너에게 내가 줬던 상점　　　➡ _____

c. 너에게 나는 소개해 줬다.　　➡ _____

d. 너에게 내가 소개해 줬던 여자애　➡ _____

오늘 꼭 기억해 두어야 할 문장! 완전히 내 것으로 만들어 봐요.

❶ El vino que te di ayer

❷ El vino que te di ayer es de Chile.

❸ El chico que te presenté ayer

❹ El chico que te presenté ayer es de España.

정답

1　**a.** di – presenté / **b.** diste – presentaste / **c.** dio – presentó / **d.** dimos – presentamos / **e.** disteis – presentasteis / **f.** dieron – presentaron

2　**a.** La chica que te presenté ayer es de Corea. / **b.** ¿Quién es el chico que me presentaste? / **c.** El libro que me diste es interesante. / **d.** El vino que te di es caro.

3　**a.** el vino que te di ayer / **b.** El vino que te di ayer es de Chile. / **c.** el chico que te presenté ayer / **d.** El chico que te presenté ayer es de España.

4　**a.** Te di. / **b.** la tienda que te di / **c.** Te presenté. / **d.** la chica que te presenté

Capítulo 22

El hospital donde trabajé en el año pasado está en 대학로.

작년에 내가 일했던 병원은 대학로에 있어.

학습 목표 저번 시간에 이어 단순 과거시제와 관계대명사를 활용하여 말해 봅시다.

학습 단어 salida f. 출구 | nuevo/a 새로운 | semana pasada 지난주 | mes pasado 지난달 | el año pasado 지난해(작년) | carta f. 편지 | vino m. 와인 | restau -rante m. 식당 | país m. 나라

지난 시간 복습

잠깐! 다시 떠올려 볼까요?

지난 시간에 학습한 내용을 복습해 봅시다.

❶ 단순 과거시제와 관계 대명사 활용하기

지난 시간에는 dar 동사와 presentar 동사의 단순 과거시제 형태와 'que'를 활용하여 말해 보았습니다.

[dar 동사의 단순 과거 불규칙 변화 형태]

dar 주다 → 주었다 / 줬다	
Yo	di
Tú	diste
Usted / Él / Ella	dio
Nosotros/as	dimos
Vosotros/as	disteis
Ustedes / Ellos / Ellas	dieron

✔ 너에게 내가 줬던 그 책   ➡ el libro que te di

✔ 나에게 네가 줬던 그 컵   ➡ el vaso que me diste

[단순 과거시제 - presentar 동사 규칙 변화 형태]

presentar 소개하다 → 소개했다	
Yo	presenté
Tú	presentaste
Usted / Él / Ella	presentó
Nosotros/as	presentamos
Vosotros/as	presentasteis
Ustedes / Ellos / Ellas	presentaron

✔ 너에게 내가 소개해 줬던 그 남자애　　→ el chico que te presenté

✔ 나에게 네가 소개해 줬던 그 여자애　　→ la chica que me presentaste

❷ 지난 강의 주요 표현

✔ 어제 너에게 내가 줬던 그 테이블은 새 것이다.

　　→ La mesa que te di ayer es nueva.

✔ 어제 너에게 내가 소개해 줬던 그 남자애는 학생이다.

　　→ El chico que te presenté ayer es estudiante.

오늘도 하나씩 쌓아 가기!

오늘의 표현과 단어를 하나씩 쌓고, 밑줄 포인트를 익혀 봅시다.

❶ 오늘의 표현

✔ 출구 어디에 있나요?　　→ ¿Dónde está la salida?

❷ 오늘의 단어

✔ 새로운　　　　→ nuevo/a

✔ 지난주　　　　→ la semana pasada

✔ 지난달　　　　→ el mes pasado

✔ 지난해(작년)　　→ el año pasado

❸ 오늘의 밑줄 긋기

◆ 스페인어에서는 '출구'를 'salida'라고 표현합니다. 출구의 반대 표현인 '입구'는 스페인어로 'entrada'라고 말한다는 점도 함께 기억해 주세요!

STEP
2

오늘의 학습

오늘은 무엇을 배워 볼까요?

① 오늘의 핵심 포인트

이번 시간에는 '어제 내가 마셨던 와인은 칠레산이야, 작년에 내가 일했던 병원은 대학로에 있어'와 같은 문장을 단순 과거시제와 'que'와 'donde'를 활용하여 말해 봅시다.

② 단순 과거시제와 관계대명사 활용하기

a. 단순 과거시제 규칙 동사 활용하기

✔ 어제 나는 마셨다.   ➜ Tomé ayer.

✔ 어제 내가 마셨던   ➜ **que** tomé ayer

✔ 어제 내가 샀던   ➜ que compré ayer

✔ 어제 내가 불렀던   ➜ que canté ayer

✔ 어제 내가 췄던   ➜ que bailé ayer

✔ 어제 내가 공부했던   ➜ que estudié ayer

✔ 어제 내가 먹었던   ➜ que comí ayer

✔ 어제 내가 봤던   ➜ que vi ayer

✔ 어제 내가 팔았던   ➜ que vendí ayer

✔ 어제 내가 썼던   ➜ que escribí ayer

✔ 어제 내가 마셨던 와인은 칠레산이다. → El vino que tomé ayer es de Chile.

✔ 어제 내가 샀던 상점은 반포에 있다. → La tienda que compré ayer está en 반포.

✔ 어제 내가 봤던 여자애는 예쁘다. → La chica que vi ayer es guapa.

✔ 어제 내가 먹었던 요리는 빠에야이다. → La comida que comí ayer es paella.

b. 단순 과거시제 불규칙 동사 활용하기

✔ 어제 내가 만들었던 커피 → el café que hice ayer

✔ 어제 내가 사고 싶었던 책 → el libro que quise comprar ayer

✔ 어제 내가 마시고 싶었던 와인 → el vino que quise tomar ayer

✔ 어제 내가 보고 싶었던 영화 → la película que quise ver ayer

✔ 어제 내가 사고 싶었던 자동차는 이거야. → El coche que quise comprar ayer es este.

✔ 어제 내가 보고 싶었던 영화는 이거야. → La película que quise ver ayer es esta.

✔ 어제 내가 만들었던 커피는 콜롬비아산이다. → El café que hice ayer es de Colombia.

✔ 어제 내가 사고 싶었던 책은 비싸다. → El libro que quise comprar ayer es caro.

c. donde 활용하기

이번에는 donde를 활용하여 말해 봅시다.

✔ 지난달에 내가 일했던 학교 → la escuela donde trabajé el mes pasado

✔ 지난주에 내가 여행했던 나라 → el país donde viajé la semana pasada

✔ 작년에 내가 갔던 병원 → el hospital donde fui el año pasado

TIP 'la escuela', 'el país', 'el hospital'과 같이 장소와 관련된 단어가 나올 경우 'donde'를 많이 사용합니다.

✔ 지난달에 내가 일했던 학교는 압구정에 있다.
　　➡ La escuela donde trabajé el mes pasado está en 압구정.

✔ 지난주에 내가 여행했던 나라는 멕시코다.
　　➡ El país donde viajé la semana pasada es México.

✔ 작년에 내가 갔던 병원은 대학로에 있다.
　　➡ El hospital donde fui el año pasado está en 대학로.

✎ 따라 써 보기 | 한국어 해석을 보면서 스페인어를 써 보세요.

① 어제 내가 마셨던 와인은 칠레산이다.

El vino que tomé ayer es de Chile.

② 어제 내가 먹었던 요리는 빠에야이다.

La comida que comí ayer es paella.

③ 어제 내가 보고 싶었던 영화는 이거야.

La película que quise ver ayer es esta.

④ 어제 내가 만들었던 커피는 콜롬비아산이다.

El café que hice ayer es de Colombia.

⑤ 어제 내가 사고 싶었던 책은 비싸다.

El libro que quise comprar ayer es caro.

⑥ 지난주에 내가 여행했던 나라는 멕시코다.

El país donde viajé la semana pasada es México.

연습 문제

오늘 배운 내용을 완전히 내 것으로 만들어 봐요!

❶ 한국어를 참고하여 동사의 단순 과거형을 적어 봅시다.

a. 어제 내가 봤던   ➡ que _____ ayer

b. 어제 내가 샀던   ➡ que _____ ayer

c. 어제 내가 썼던   ➡ que _____ ayer

d. 어제 내가 갔던   ➡ que _____ ayer

e. 어제 내가 마셨던   ➡ que _____ ayer

❷ 나열된 단어를 순서대로 배열하여 문장을 만들어 봅시다.

a. 지난달에 내가 일했던 병원은 서울에 있다.
(en / donde / está / pasado / hospital / el / el / Seúl / mes / trabajé)

➡ _____

b. 어제 내가 먹었던 음식은 맛있다.
(rica / ayer / es / comida / la / que / comí)

➡ _____

c. 지난주에 내가 샀던 자동차는 비싸다.
(es / coche / el / semana / que / compré / la / pasada / caro)

➡ _____

d. 작년에 내가 갔던 학교는 대학로에 있다.
(fui / la / escuela / está / donde / pasado / en / 대학로 / año / el)

➡ _____

❸ 오늘 배운 표현들을 직접 작문해 봅시다.

a. 어제 내가 마셨던 와인은 칠레산이다.

➡ _____

b. 어제 내가 만들었던 커피는 콜롬비아산이다.

➡ _____

c. 지난달에 내가 여행했던 나라는 아르헨티나다.

➡ _____

④ **제시된 단어를 이용해 직접 작문해 봅시다.**

> carta f. 편지 | vino m. 와인 | restaurante m. 식당 | país m. 나라

a. 어제 내가 썼던 편지 ➡ _____

b. 어제 내가 사고 싶었던 와인 ➡ _____

c. 작년에 내가 일했던 식당 ➡ _____

d. 지난주에 내가 갔던 나라 ➡ _____

오늘 꼭 기억해 두어야 할 문장! 완전히 내 것으로 만들어 봐요.

❶ El vino que tomé ayer es de Chile.

❷ El café que hice ayer es de Colombia.

❸ El país donde viajé el mes pasado es Argentina.

정답

1 **a.** vi / **b.** compré / **c.** escribí / **d.** fui / **e.** tomé

2 **a.** El hospital donde trabajé el mes pasado está en Seúl. / **b.** La comida que comí ayer es rica. / **c.** El coche que compré la semana pasada es caro. / **d.** La escuela donde fui el año pasado está en 대학로.

3 **a.** El vino que tomé ayer es de Chile. / **b.** El café que hice ayer es de Colombia. / **c.** El país donde viajé el mes pasado es Argentina.

4 **a.** la carta que escribí ayer / **b.** el vino que quise comprar ayer / **c.** el restaurante donde trabajé el año pasado / **d.** el país donde fui la semana pasada

1 ¿Ayer trabajaste?(= ¿Trabajaste ayer?)

2 Sí, todo el día trabajé.(= Sí, trabajé todo el día.)

3 ¿Comiste tacos?

4 ¿Saliste temprano?

5 Salimos a las diez de la noche.

6 Vimos el fútbol.

7 ¿A dónde fuisteis?

8 Yessi quiso ir a Argentina.

9 ¿Dónde estuvo usted ayer?

10 ¿Qué hizo usted ayer?

11 Pero no pude hacer.

12 Ayer supe que Daniel está enfermo.

13 El libro que me diste es interesante.

14 La chica que te presenté ayer es de España.

15 El libro que quise comprar ayer es caro.

16 El hospital donde fui el año pasado está en 대학로.

스페인어를 사용하는 중남미 국가 6탄, 푸에르토리코(Puerto Rico)

▲ 루이스 폰시(Luis Fonsi)

위치 | 카리브해 대안틸레스(大Antilles) 제도에 위치한 미국 자치령

시차 | 13시간 느림(한국 기준)

화폐 | 달러(USD)

인구 | 333만 명

수도 | 산후안(San Juan)

주요도시 | 아과디야(Aguadilla)

특징 | 이번에는 푸에르토리코 출신 유명 연예인, '루이스 폰시(Luis Fonsi)'에 대해 알아보고자 해요. 그는 기수 겸 작곡가이면서 배우로도 활동힐 민큼 다재다능한 사람입니다. 1988년무터 라틴 팝 가수로 활동한 그는, 2017년에 나온 '데스파시토(Despacito)'라는 곡 때문에 이름을 크게 알리게 되었는데요. 이 노래는 빌보드 핫100 차트에서 16주 동안 1위를 차지한 곡으로, 빌보드 역사상 타이기록을 보유한 실로 어마어마한 곡이라고 할 수 있어요. 그러나 가사가 선정적이기 때문에 많은 나라에서 금지곡으로 지정되어 있다고 하니, 노래의 가사보다는 리듬과 음색에 집중하는 것이 더 좋을 것 같습니다. 데스파시토 말고도 'No me doy por vencido(나는 포기하지 않아)', 'Te echo de menos(네가 그리워)', 'Échame la culpa(네 탓이 아니야)'등 루이스 폰시의 좋은 노래들이 많아요. 한번 들어 보세요!

PARTE
07

Yessi는 바닷가에 가곤 했어.

핵심 학습 불완료 과거시제 학습하기

Capítulo 23

Yo trabajaba en casa.

나는 집에서 일을 하곤 했습니다.

학습 목표

'스페인어 과거시제는 두 가지가 있다!' 혹시 기억하시나요? 이번 시간에는 불완료 과거시제에 대해서 배워 보겠습니다. -ar 동사와 -er 동사의 불완료 과거시제 규칙 변화 형태에 대해 배워 봅시다.

학습 단어

chocolate m. 초콜릿 | restaurante m. 식당

지난 시간 복습

잠깐! 다시 떠올려 볼까요?

지난 시간에 학습한 내용을 복습해 봅시다.

❶ 단순 과거시제와 관계대명사 활용하기

지난 시간에는 단순 과거시제 규칙, 불규칙 동사와 'que'와 'donde'를 활용하여 말해 보았습니다.

a. 단순 과거시제 규칙 동사 활용하기

✔ 어제 내가 구입했던 자동차 ➡ el coche que compré ayer

b. 단순 과거시제 불규칙 동사 활용하기

✔ 어제 내가 만들었던 커피 ➡ el café que hice ayer

b. donde 활용하기

✔ 지난달에 내가 일했던 병원 ➡ el hospital donde trabajé el mes pasado

❷ 지난 강의 주요 표현

✔ 어제 내가 구입했던 자동차는 좋다.
➡ El coche que compré ayer es bueno.

✔ 어제 내가 봤던 여자애는 예뻐.
➡ La chica que vi ayer es guapa.

✔ 어제 내가 만들었던 커피는 콜롬비아산이다.
➡ El café que hice ayer es de Colombia.

✔ 지난달에 내가 일했던 병원은 대학로에 있다.
　➡ El hospital donde trabajé el mes pasado está en 대학로.

✔ 작년에 내가 여행했던 나라는 멕시코야.
　➡ El país donde viajé el año pasado es México.

오늘도 하나씩 쌓아 가기!

오늘의 숫자와 표현을 하나씩 쌓고, 오늘의 단어와 밑줄 포인트를 익혀 봅시다.

❶ 오늘의 표현

✔ 택시 어디에 있나요?　➡ ¿Dónde hay taxis?

❷ 오늘의 단어

✔ 초콜릿　　　➡ el chocolate

✔ 식당　　　➡ el restaurante

❸ 오늘의 밑줄 긋기

◆ 스페인어에서는 명사의 단수와 복수에 맞추어 동사를 변화시켜야 합니다. 하지만 hay 동사는 수에 상관없이 형태가 변하지 않는다는 특징이 있습니다.

🇪 **Hay** un libro en la mesa. 책상 위에 책이 있다.
🇪 **Hay** cinco libros en la mesa. 책상 위에 책이 다섯 권 있다.

오늘의 학습

오늘은 무엇을 배워 볼까요?

❶ 오늘의 핵심 포인트

단순 과거시제가 과거의 특정한 시점에 끝난 일을 말한다면, 불완료 과거시제는 과거에 지속적으로 일어난 일에 대해서 말합니다. 불완료 과거시제를 해석할 때에는 대표적으로 '~하곤 했다'라고 해석됩니다. 불완료 과거시제는 대부분의 동사가 규칙 형태이고, 이번 시간에는 -ar동사와 -er동사의 규칙 변화 형태에 대해서 배워 보겠습니다.

❷ 불완료 과거시제 - -ar, -er 동사 규칙 변화 형태

a. -ar 동사

tomar 마시다 → 마시곤 했다	
Yo	tom**aba**
Tú	tom**abas**
Usted / Él / Ella	tom**aba**
Nosotros/as	tom**ábamos**
Vosotros/as	tom**abais**
Ustedes / Ellos / Ellas	tom**aban**

TIP 그 외 -ar 규칙 동사: hablar, ganar, viajar, cantar, trabajar, escuchar, estudiar…

> 🖐 **여기서 잠깐!**
>
> 표에서 보다시피 1인칭 단수와 3인칭 단수의 불완료 과거시제 변화 형태가 동일합니다(tomaba와 tomaba). 이번에는 주어를 넣어서 말하기 연습을 해 봅시다.(일상 회화에서 앞뒤 문맥이 확실한 경우 주어를 생략해도 무방합니다.)

✔ 나는 여행을 많이 하곤 했다.   ➡ Yo viajaba mucho.

✔ 나는 집에서 일을 하곤 했다.   ➡ Yo trabajaba en casa.

✔ 나는 음악을 듣곤 했다.   ➡ Yo escuchaba música.

✔ Alicia는 여행을 많이 하곤 했다.   ➡ Alicia viajaba mucho.

✔ Ana는 집에서 일을 하곤 했다.   ➡ Ana trabajaba en casa.

✔ Andrea는 음악을 듣곤 했다.   ➡ Andrea escuchaba música.

✔ 우리들은 바에서 노래를 하곤 했다.   ➡ Cantábamos en el bar.

✔ 우리들은 탱고를 추곤 했다.   ➡ Bailábamos tango.

✔ 우리들은 집에서 스페인어를 공부하곤 했다.   ➡ Estudiábamos español en casa.

✔ 그들은 중국을 여행하곤 했다.   ➡ Ellos viajaban por China.

✔ 그녀들은 음악을 듣곤 했다.   ➡ Ellas escuchaban música.

✔ 그녀들은 많은 돈을 벌곤 했다.   ➡ Ellas ganaban mucho dinero.

b. -er 동사

comer 먹다 → 먹곤 했다	
Yo	comía
Tú	comías
Usted / Él / Ella	comía
Nosotros/as	comíamos
Vosotros/as	comíais
Ustedes / Ellos / Ellas	comían

TIP 그 외 -er 규칙 동사: vender, hacer, aprender…

✔ 나는 초콜릿을 먹곤 했다.　　→ Yo comía chocolate.

✔ 나는 운동을 하곤 했다.　　→ Yo hacía ejercicio.

✔ 나는 무언가를 배우곤 했다.　　→ Yo aprendía algo.

✔ Juan은 타코를 먹곤 했다.　　→ Juan comía tacos.

✔ 그녀는 해산물을 먹곤 했다.　　→ Ella comía mariscos.

✔ 우리들은 집에서 밥을 먹곤 했다.　　→ Comíamos en casa.

✔ 너희들은 집에서 밥을 먹곤 했니?　　→ ¿Comíais en casa?

✔ 우리들은 탱고를 배우곤 했다.　　→ Aprendíamos tango.

✔ 그녀들은 식당에서 먹곤 했다.　　→ Ellas comían en el restaurante.

✔ 그들은 스페인어를 배우곤 했다.　　→ Ellos aprendían español.

✎ **따라 써 보기** ┃ 한국어 해석을 보면서 스페인어를 써 보세요.

① Andrea는 음악을 듣곤 했다.

Andrea escuchaba música.

② 우리들은 집에서 스페인어를 공부하곤 했다.

Estudiábamos español en casa.

③ 그녀들은 많은 돈을 벌곤 했다.

Ellas ganaban mucho dinero.

④ 그녀들은 식당에서 먹곤 했다.

Ellas comían en el restaurante.

연습 문제

오늘 배운 내용을 완전히 내 것으로 만들어 봐요!

❶ 인칭대명사에 따라 tomar, comer 동사의 불완료 과거형을 적어 봅시다.

	tomar	comer
a. Yo		
b. Tú		
c. Él / Ella / Usted		
d. Nosotros		
e. Vosotros		
f. Ellos / Ellas / Ustedes		

❷ 알맞은 동사 변화 형태를 넣어 문장을 완성해 봅시다.

a. Juan은 타코를 먹곤 했다.   ➡ Juan _____ tacos.

b. 그들은 스페인을 여행하곤 했다.   ➡ Ellos _____ por España.

c. 그들은 스페인어를 배우곤 했다.   ➡ Ellos _____ español.

d. 나는 음악을 많이 듣곤 했다.   ➡ Yo _____ música.

❸ 오늘 배운 표현들을 직접 작문해 봅시다.

a. 나는 집에서 쉬곤 했다.

➡ _____

b. 나는 빵을 만들곤 했다.

➡ _____

c. 나는 택시를 타곤 했다.

➡ _____

④ 제시된 단어를 이용해 직접 작문해 봅시다.

> chocolate m. 초콜릿 | hacer ejercicio 운동을 하다 |
> ganar dinero 돈을 벌다 | aprender tango 탱고를 배우다

a. 그녀는 말을 많이 하곤 했다. ➡ _____

b. 우리들은 초콜릿을 먹곤 했다. ➡ _____

c. 그들은 운동을 하곤 했다. ➡ _____

d. 나는 많은 돈을 벌곤 했다. ➡ _____

e. 우리들은 탱고를 배우곤 했다. ➡ _____

오늘 꼭 기억해 두어야 할 문장! 완전히 내 것으로 만들어 봐요.

❶ Yo descansaba en casa.

❷ Yo hacía pan.

❸ Yo tomaba el taxi.

정답

1   a. tomaba – comía / b. tomabas – comías / c. tomaba – comía / d. tomábamos – comíamos / e. tomabais – comíais / f. tomaban – comían

2   a. comía / b. viajaban / c. aprendían /d. escuchaba

3   a. Yo descansaba en casa. / b. Yo hacía pan. / c. Yo tomaba el taxi.

4   a. Ella hablaba mucho. / b. Nosotros comíamos chocolate. / c. Ellos hacían ejercicio. / d. Yo ganaba mucho dinero. / e. Aprendíamos tango.

Capítulo 24

Los domingos yo iba al cine.

일요일마다 나는 영화관에 가곤 했습니다.

 학습 목표 이번 시간에는 -ir 동사의 불완료 과거시제 규칙 변화 형태 및 불규칙 동사에 대해서 배워 보겠습니다.

 학습 단어 bar m. 바 | antes 예전에 | carta f. 편지 | playa f. 바닷가 | montaña f. 산 | el Clásico 엘 끌라씨꼬 | padre m. 아버지 | madre f. 어머니 | padres m. 부모님

지난 시간 복습

잠깐! 다시 떠올려 볼까요?

① 불완료 과거시제 - -ar, -er 동사 규칙 변화 형태

지난 시간에는 두 번째 과거시제인 불완료 과거시제에 대해서 학습하였습니다. 불완료 과거시제는 과거의 지속성을 나타내는 시제로써 대표적으로 '~하곤 했다'라고 해석됩니다. -ar, -er 동사의 불완료 과거시제 규칙 변화 형태에 대해서 복습해 봅시다.

	cantar 노래하다 → 노래하곤 했다	vender 팔다 → 팔곤 했다
Yo	cantaba	vendía
Tú	cantabas	vendías
Usted / Él / Ella	cantaba	vendía
Nosotros/as	cantábamos	vendíamos
Vosotros/as	cantabais	vendíais
Ustedes / Ellos / Ellas	cantaban	vendían

② 지난 강의 주요 표현

✔ 나는 바에서 노래하곤 했다.   → Yo cantaba en el bar.

✔ 나는 집에서 노래하곤 했다.   → Yo cantaba en casa.

✔ 월요일마다 나는 무언가를 배우곤 했다.   → Los lunes yo aprendía algo.

✔ 일요일마다 나는 스페인어를 배우곤 했다.   → Los domingos yo aprendía español.

오늘도 하나씩 쌓아 가기!

오늘의 표현과 단어를 하나씩 쌓고, 밑줄 포인트를 익혀 봅시다.

❶ 오늘의 표현

✔ 어디로 가세요? ➡ ¿A dónde va?

❷ 오늘의 단어

✔ ~하러 나가다   ➡ salir + a + 동사 원형

✔ 바   ➡ el bar

✔ 예전에   ➡ antes

✔ 편지   ➡ la carta

✔ 바닷가   ➡ la playa

✔ 산   ➡ la montaña

✔ 엘 끌라씨꼬   ➡ el Clásico

TIP '엘 끌라씨꼬(el Clásico)'는 스페인 축구팀 Real Madrid와 FC Barcelona의 축구 경기를 뜻합니다.

✔ 아버지   ➡ el padre

✔ 어머니   ➡ la madre

✔ 부모님   ➡ los padres

❸ 오늘의 밑줄 긋기

◆ 스페인 최고의 축구 클럽 Real Madrid와 FC Barcelona의 라이벌 경기를 '엘 끌라씨꼬(El Clásico)' 라 부릅니다. 이와 비슷하게, 아르헨티나 두 명문 축구 클럽 Boca Juniors와 River Plate의 긴장감 넘 치는 경기를 스페인어로 '쑤뻬르끌라씨꼬(Superclásico)'라 부른다는 점, 기억해 주세요!

STEP 2

오늘의 학습

오늘은 무엇을 배워 볼까요?

① 오늘의 핵심 포인트

이번 시간에는 저번 시간에 이어 불완료 과거시제에 대해 학습해 보겠습니다. -ir 동사의 규칙 변화 형태와 'ir 가다' 동사와 'ver 보다' 동사의 불규칙 변화 형태에 대해서도 배워 봅시다(불완료 과거시제 에서는 ser, ir, ver 동사만이 불규칙으로 변화합니다).

② 불완료 과거시제 – -ir 동사 규칙 변화 형태

-ir 동사는 -er 동사와 불완료 과거시제 규칙 변화 형태가 동일합니다.

salir 나가다 → 나가곤 했다	
Yo	salía
Tú	salías
Usted / Él / Ella	salía
Nosotros/as	salíamos
Vosotros/as	salíais
Ustedes / Ellos / Ellas	salían

✔ 나는 나가곤 했다.   → Yo salía.

✔ 나는 늦게 나가곤 했다.   → Yo salía tarde.

✔ 나는 일찍 나가곤 했다.   → Yo salía temprano.

✔ 나는 10시에 나가곤 했다.   → Yo salía a las diez.

✔ 나는 일하러 나가곤 했다.   → Yo salía a trabajar.

✔ 나는 무언가를 사러 나가곤 했다.   → Yo salía a comprar algo.

✔ 나는 춤추러 나가곤 했다.   → Yo salía a bailar.

✔ 나는 노래하러 나가곤 했다.　　　　　→ Yo salía a cantar.

✔ 나는 맥주 마시러 나가곤 했다.　　　　→ Yo salía a tomar cerveza.

✔ 예전에 나는 일찍 나가곤 했다.　　　　→ Antes yo salía temprano.

✔ 예전에 나는 저녁을 먹으러 나가곤 했다.　→ Antes yo salía a cenar.

✔ 월요일마다 나는 일을 하러 나가곤 했다.　→ Los lunes yo salía a trabajar.

✔ 일요일마다 나는 무언가를 사러 나가곤 했다.
　　→ Los domingos yo salía a comprar algo.

✔ 가끔 나는 나의 부모님과 빠에야를 먹으러 나가곤 했다.
　　→ A veces yo salía a comer paella con mis padres.

✔ 항상 나는 편지 한 통을 쓰곤 했다.
　　→ Siempre yo escribía una carta.

❸ 불완료 과거시제 불규칙 동사

a. 'ir 가다' 동사

ir 가다 → 가곤 했다	
Yo	iba
Tú	ibas
Usted / Él / Ella	iba
Nosotros/as	íbamos
Vosotros/as	ibais
Ustedes / Ellos / Ellas	iban

✔ 나는 병원에 가곤 했다.　　　　　　→ Yo iba al hospital.

✔ 나는 프라도 박물관에 가곤 했다.　　→ Yo iba al Museo del Prado.

✔ Silvia는 아르헨티나에 가곤 했다.　　→ Silvia iba a Argentina.

✔ Juan은 바닷가에 가곤 했다.　　　　→ Juan iba a la playa.

✔ 우리들은 영화관에 가곤 했다.   → Íbamos al cine.

✔ 우리들은 저녁을 먹기 위해 동대문에 가곤 했다.   → Íbamos a 동대문 para cenar.

✔ 그녀들은 산에 가곤 했다.   → Ellas iban a la montaña.

✔ 그들은 요가를 하기 위해 서울에 가곤 했다.   → Ellos iban a Seúl para hacer yoga.

✔ 월요일마다 나는 영화관에 가곤 했다.   → Los lunes yo iba al cine.

✔ 매일매일 나는 바닷가에 가곤 했다.   → Todos los días iba a la playa.

✔ 예전에 우리들은 서울에 가곤 했다.   → Antes íbamos a Seúl.

✔ 가끔 우리들은 산에 가곤 했다.   → A veces íbamos a la montaña.

b. 'ver 보다' 동사

ver 보다 → 보곤 했다	
Yo	veía
Tú	veías
Usted / Él / Ella	veía
Nosotros/as	veíamos
Vosotros/as	veíais
Ustedes / Ellos / Ellas	veían

✔ 밤마다 나는 TV를 보곤 했다.   → Todas las noches yo veía la tele.

✔ 아침마다 나는 축구를 보곤 했다.   → Todas las mañanas yo veía el fútbol.

✔ 아침 내내 나는 영화 한 편을 보곤 했다.   → Toda la mañana yo veía una película.

✔ 오후 내내 나는 엘 끌라씨꼬를 보곤 했다.   → Toda la tarde yo veía el Clásico.

✔ 토요일마다 나는 내 여자 친구를 보곤 했다.   → Los sábados yo veía a mi novia.

✔ 일요일마다 나는 나의 부모님을 보곤 했다.   → Los domingos yo veía a mis padres.

연습 문제

오늘 배운 내용을 완전히 내 것으로 만들어 봐요!

❶ 인칭대명사에 따라 salir, ir, ver 동사의 불완료 과거형을 적어 봅시다.

	salir	ir	ver
a. Yo			
b. Tú			
c. Él / Ella / Usted			
d. Nosotros			
e. Vosotros			
f. Ellos / Ellas / Ustedes			

❷ 알맞은 동사 변화 형태를 넣어 문장을 완성해 봅시다.

a. 가끔 나는 마드리드에 가곤 했다.

→ Yo _____ a Madrid.

b. 밤마다 그는 축구를 보곤 했다.

→ Todas las noches él _____ el fútbol.

c. 일요일마다 우리는 바닷가에 가곤 했다.

→ Los domingos nosotros _____ a la playa.

d. 나는 맥주를 마시러 나가곤 했다.

→ Yo _____ a tomar cerveza.

❸ 오늘 배운 표현들을 직접 작문해 봅시다.

a. 나는 월요일마다 일하러 나가곤 했다.

→ _____

b. 일요일마다 나는 영화관에 가곤 했다.

➡ _____

c. 나는 나의 부모님을 보곤 했다.

➡ _____

④ 제시된 단어를 이용해 직접 작문해 봅시다.

| película f. 영화 | playa f. 바닷가 | montaña f. 산 |

a. 토요일마다 나는 영화 한 편을 보곤 했다.   ➡ _____

b. 수요일마다 그녀는 바닷가에 가곤 했다.   ➡ _____

c. 일요일마다 우리들은 산에 가곤 했다.   ➡ _____

d. 나는 스페인어를 배우기 위해 스페인에 가곤 했다.   ➡ _____

오늘 꼭 기억해 두어야 할 문장! 완전히 내 것으로 만들어 봐요.

① Los lunes yo salía a trabajar.

② Los domigos yo iba al cine.

③ Yo veía a mis padres.

정답

1   a. salía – iba – veía / b. salías – ibas – veías / c. salía – iba – veía / d. salíamos – íbamos – veíamos / e. salíais – ibais – veíais / f. salían – iban – veían

2   a. iba / b. veía / c. íbamos / d. salía

3   a. Los lunes yo salía a trabajar. / b. Los domingos yo iba al cine. / c. Yo veía a mis padres.

4   a. Los sábados yo veía una película. / b. Los miércoles ella iba a la playa. / c. Los domingos íbamos a la montaña. / d. Yo iba a España para aprender español.

Capítulo

25

Yo estaba haciendo ejercicio.

나는 운동하는 중이었습니다.

**학습
목표** 이번 시간에는 불완료 과거시제를 활용하여 과거 진행형을 배워 봅시다.

**학습
단어** **caminar** 걷다 | **pasear** 산책하다 | **parque** m. 공원 | **escuchar música** 음악을
듣다

STEP 1 지난 시간 복습

잠깐! 다시 떠올려 볼까요?

① 불완료 과거시제 - -ir 동사 규칙 변화 형태

불완료 과거시제일 때, -ir 동사는 -er 동사와 규칙 변화 형태가 동일합니다.

salir 나가다 → 나가곤 했다	
Yo	salía
Tú	salías
Usted / Él / Ella	salía
Nosotros/as	salíamos
Vosotros/as	salíais
Ustedes / Ellos / Ellas	salían

② 불완료 과거시제 - -ir 동사, ver 동사 불규칙 변화 형태

불완료 과거시제일 때 불규칙인 동사는 'ir 가다', 'ver 보다', 'ser ~이다' 동사가 있습니다. 그 중 ir 동사와 ver 동사를 지난 시간에 학습하였습니다.

	ir 가다 → 가곤 했다	ver 보다 → 보곤 했다
Yo	iba	veía
Tú	ibas	veías
Usted / Él / Ella	iba	veía
Nosotros/as	íbamos	veíamos
Vosotros/as	ibais	veíais
Ustedes / Ellos / Ellas	iban	veían

❸ 지난 강의 주요 표현

- ✔ 나는 무언가를 사러 나가곤 했다. ➜ Yo salía a comprar algo.
- ✔ 화요일마다 나는 병원에 가곤 했다. ➜ Los martes yo iba al hospital.
- ✔ 토요일마다 나는 내 남자 친구를 보곤 했다. ➜ Los sábados yo veía a mi novio.

오늘도 하나씩 쌓아 가기!

오늘의 표현과 단어를 하나씩 쌓고, 밑줄 포인트를 익혀 봅시다.

❶ 오늘의 표현

- ✔ 걸어서 갈 수 있어요. ➜ Puede ir caminando.

TIP 걷다 ➜ caminar

❷ 오늘의 단어

- ✔ 산책하다 ➜ pasear
- ✔ 공원을 산책하다 ➜ pasear por el parque
- ✔ 음악을 듣다 ➜ escuchar música

❸ 오늘의 밑줄 긋기

- ◆. 스페인어로 '강아지를 산책시키다'라는 표현은 전치사 'a'와 강아지를 뜻하는 'el perro'를 사용하여 'pasear al perro'라고 표현한다는 점, 기억해 주세요!

오늘의 학습

오늘은 무엇을 배워 볼까요?

❶ 오늘의 핵심 포인트

이번 시간에는 불완료 과거시제를 활용하여 과거진행형을 말해 봅시다.

❷ 현재 진행형 복습

먼저, 왕초보 탈출 프로젝트 1탄에서 학습하였던 현재진행형을 복습해 봅시다. '~하는 중이다'와 같이 진행 중인 동작을 표현하기 위해서는 estar 동사와 현재분사를 활용합니다.

a. estar 동사 현재시제 규칙 변화 형태

estar ~이다 / ~ 있다	
Yo	estoy
Tú	estás
Usted / Él / Ella	está
Nosotros/as	estamos
Vosotros/as	estáis
Ustedes / Ellos / Ellas	están

b. estar + 현재분사 = ~하는 중이다, ~하고 있다

estar +	-ando
	-iendo

✔ 나는 커피를 마시는 중이다.   → Estoy tomando café.

✔ 그녀는 노래를 부르는 중이다.   → Ella está cantando.

✔ 그들은 빠에야를 먹는 중이다.   → Ellos están comiendo paella.

✔ Carmen과 Adrián은 문을 여는 중이다.
     → Carmen y Adrián están abriendo la puerta.

③ 과거진행형

과거에 진행 중이었던 동작을 표현할 때 estar 동사의 불완료 과거시제를 활용할 수 있습니다. 'estar + 현재분사 = ~하는 중이다' 형태에 estar 동사의 불완료 과거시제를 활용하면 '~하는 중이었다'라는 문장이 완성됩니다.

[estar 동사 불완료 과거시제 규칙 변화 형태]

estar	
Yo	est**aba**
Tú	est**abas**
Usted / Él / Ella	est**aba**
Nosotros/as	estáb**amos**
Vosotros/as	estab**ais**
Ustedes / Ellos / Ellas	est**aban**

✔ 나는 바에서 노래하는 중이었다.   → Yo estaba cantando en el bar.

✔ Yessi는 탱고를 추는 중이었다.   → Yessi estaba bailando tango.

✔ 우리들은 중국을 여행하는 중이었다.   → Estábamos viajando por China.

✔ 나는 부모님과 축구를 보는 중이었다. → Yo estaba viendo el fútbol con mis padres.

✔ 그들은 요가를 하는 중이었다. → Ellos estaban haciendo yoga.

✔ 우리들은 무언가를 적고 있는 중이었다. → Estábamos escribiendo algo.

✔ 너는 집에서 쉬는 중이었니? → ¿Estabas descansando en casa?

✔ 너는 운동하는 중이었니? → ¿Estabas haciendo ejercicio?

✔ 너는 무언가를 적고 있는 중이었니? → ¿Estabas escribiendo algo?

✔ 너희들은 노래하는 중이었니? → ¿Estabais cantando?

✔ 너희들은 영화 한 편을 보는 중이었니? → ¿Estabais viendo una película?

✔ 너희들은 무언가를 적고 있는 중이었니? → ¿Estabais escribiendo algo?

✔ 너 뭐 하는 중이었어? / 너 뭐 하고 있었어? → ¿Qué estabas haciendo?

✔ 나는 운동하는 중이었어. → Yo estaba haciendo ejercicio.

✔ 나는 담배 피우는 중이었어. → Yo estaba fumando.

✔ 나는 음악을 듣는 중이었어. → Yo estaba escuchando música.

✔ 나는 공원을 산책하는 중이었어. → Yo estaba paseando por el parque.

📅 **어휘 체크** | 스페인어를 보고, 알맞은 뜻에 체크 표시(√)를 해 보세요.

1	caminar	☐ 농촌	☐ 걷다	2	pasear	☐ 산책하다	☐ 통과
3	parque	☐ 조깅하다	☐ 공원	4	salir	☐ 나가다	☐ 들어오다
5	música	☐ 음악	☐ 뮤지컬	6	ver	☐ 말하다	☐ 보다
7	escuchar	☐ 가다	☐ 듣다	8	hospital	☐ 입원하다	☐ 병원

정답 1. 걷다 2. 산책하다 3. 공원 4. 나가다 5. 음악 6. 보다 7. 듣다 8. 병원

연습 문제

오늘 배운 내용을 완전히 내 것으로 만들어 봐요!

❶ 인칭대명사에 따라 estar 동사의 불완료 과거형을 적어 봅시다.

estar

a. Yo

b. Tú

c. Él / Ella / Usted

d. Nosotros

e. Vosotros

f. Ellos / Ellas / Ustedes

❷ 알맞은 동사 변화 형태를 넣어 문장을 완성해 봅시다.

a. 나는 담배 피우는 중이었어.

➡ Yo _____ fumando.

b. 너희들은 영화 한 편을 보는 중이었니?

➡ ¿ _____ viendo una película?

c. 그녀는 무언가를 적고 있는 중이었다.

➡ Ella _____ escribiendo algo.

d. 그들은 커피를 마시는 중이었다.

➡ Ellos _____ tomando café.

❸ 오늘 배운 표현들을 직접 작문해 봅시다.

a. 너는 뭐 하는 중이었어?

➡ _____

b. 나는 운동하는 중이었어.

→ _____

c. 나는 식당에서 타코를 먹는 중이었어.

→ _____

④ 제시된 단어를 이용해 직접 작문해 봅시다.

> descansar 쉬다 | padres m. 부모님 | fútbol m. 축구 | flamenco m. 플라멩코

a. 너는 집에서 쉬는 중이었니? → _____

b. 나는 내 부모님과 축구를 보는 중이었어. → _____

c. 너는 노래하는 중이었니? → _____

d. 나는 플라멩고를 추는 중이었어. → _____

오늘 꼭 기억해 두어야 할 문장! 완전히 내 것으로 만들어 봐요.

① ¿Qué estabas haciendo?

② Yo estaba haciendo ejercicio.

③ Yo estaba comiendo tacos en el restaurante.

정답

1 a. estaba / b. estabas / c. estaba / d. estábamos / e. estabais / f. estaban

2 a. estaba / b. Estabais / c. estaba / d. estaban

3 a. ¿Qué estabas haciendo? / b. Yo estaba haciendo ejercicio. / c. Yo estaba comiendo tacos en el restaurante.

4 a. ¿Estabas descansando en casa? / b. Yo estaba viendo el fútbol con mis padres. / c. ¿Estabas cantando? / d. Yo estaba bailando flamenco.

Yo tenía
veinte años.

나는 20살이었습니다.

학습 목표

이번 시간에는 ser 동사의 불완료 과거시제 불규칙 변화 형태와 불완료 과거시제의 다양한 쓰임에 대해 배워 봅시다.

학습 단어

llover 비가 오다 | **nevar** 눈이 오다 | **siempre** 항상 | **con frecuencia** 자주 |
a veces 가끔

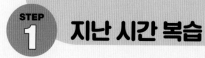

지난 시간 복습

잠깐! 다시 떠올려 볼까요?

❶ 과거진행형

지난 시간에는 estar 동사의 불완료 과거시제 규칙 변화 형태와 현재분사(-ando/-iendo)를 활용하여 과거에 진행 중이었던 것을 표현해 보았습니다.

[estar 동사 불완료 과거시제 규칙 변화 형태]

estar	
Yo	estaba
Tú	estabas
Usted / Él / Ella	estaba
Nosotros/as	estábamos
Vosotros/as	estabais
Ustedes / Ellos / Ellas	estaban

❷ 지난 강의 주요 표현

✔ 너 뭐 하는 중이었어? / 너 뭐 하고 있었어?
→ ¿Qué estabas haciendo?

✔ 나는 빠에야를 요리하는 중이었어.
→ Yo estaba cocinando paella.

✔ 나는 도서관에서 공부하는 중이었어.
→ Yo estaba estudiando en la biblioteca.

오늘도 하나씩 쌓아 가기!

오늘의 표현과 단어를 하나씩 쌓고, 밑줄 포인트를 익혀 봅시다.

① 오늘의 표현

✔ 우리 어디 있어요? ➡ ¿Dónde estamos?

TIP 우리의 '위치'를 묻는 표현입니다. 길을 찾아갈 때 '우리 어디 있어?, 우리 어디에 있어요?'라고 말하고 싶으면 이 표현을 활용해 보세요.

② 오늘의 단어

✔ 비가 오다 ➡ llover

✔ 눈이 오다 ➡ nevar

✔ 항상 ➡ siempre

✔ 자주 ➡ con frecuencia

✔ 가끔 ➡ a veces

③ 오늘의 밑줄 긋기

◆ '가끔, 때때로'를 뜻하는 'a veces'와 동일한 스페인어 표현으로 'de vez en cuando'와 'ocasionalmente'가 있습니다. 세 가지 모두 자주 쓰는 표현이니 함께 기억해 주세요!

STEP
2

오늘의 학습

오늘은 무엇을 배워 볼까요?

① 오늘의 핵심 포인트

이번 시간에는 불완료 과거시제의 다양한 쓰임에 대해서 배워 봅시다. 불완료 과거시제는 기본적으로 '~하곤 했다'라고 해석되지만, 해석과 관계없이 나이, 날씨, 시간, 사람 및 사물을 추억하거나 묘사할 때 활용되기도 합니다.

② 불완료 과거시제의 다양한 쓰임

a. 나이 - '나는 20살이었다'

나이를 물어볼 때에는 tener 동사를 활용합니다.

- ✔ 너는 몇 살이니?　　→ ¿Cuántos años tienes?
- ✔ 나는 20살이다.　　→ Tengo veinte años.
- ✔ 나는 25살이다.　　→ Tengo veinticinco años.

[tener 동사 불완료 과거시제 규칙 변화 형태]
'나는 20살이었다'와 같이 나이를 과거로 표현할 때에는 불완료 과거시제를 활용합니다.

tener	
Yo	tenía
Tú	tenías
Usted / Él / Ella	tenía
Nosotros/as	teníamos
Vosotros/as	teníais
Ustedes / Ellos / Ellas	tenían

✔ 너는 몇 살이었니?   → ¿Cuántos años tenías?

✔ 나는 20살이었다.   → Yo tenía veinte años.

✔ 나는 12살이었다.   → Yo tenía doce años.

✔ Julia는 41살이었다.   → Julia tenía cuarenta y un años.

✔ 우리 엄마는 25살이었다.   → Mi mamá tenía veinticinco años.

✔ 우리 아빠는 18살이었다.   → Mi papá tenía dieciocho años.

✔ 우리들은 15살이었다.   → Teníamos quince años.

b. 날씨 - '날씨가 덥다'

'날씨가 덥다!'와 같이 날씨를 말할 때에는 hacer 동사의 3인칭 단수 형태 'hace'를 활용합니다.

✔ 날씨가 덥다.   → Hace calor.

✔ 바람이 분다.   → Hace viento.

✔ 항상 춥다.   → Siempre hace frío.

✔ 항상 선선하다.   → Siempre hace fresco.

✔ 자주 눈이 온다.   → Con frecuencia nieva.

✔ 가끔 비가 온다.   → A veces llueve.

[불완료 과거시제 - hacer 동사 규칙 변화 형태]
'자주 비가 왔었다'와 같이 날씨를 과거로 표현할 때에는 불완료 과거시제를 활용합니다.

hacer	
Yo	hacía
Tú	hacías
Usted / Él / Ella	hacía
Nosotros/as	hacíamos
Vosotros/as	hacíais
Ustedes / Ellos / Ellas	hacían

✔ 더웠다. → Hacía calor.

✔ 엄청 추웠다. → Hacía mucho frío.

✔ 엄청 선선했다. → Hacía mucho fresco.

✔ 항상 화창했다. → Siempre hacía sol.

✔ 매우 좋은 날씨였다. → Hacía muy buen tiempo.

✔ 매우 나쁜 날씨였다. → Hacía muy mal tiempo.

✔ 가끔 비가 왔었다. → A veces llovía.

✔ 가끔 눈이 왔었다. → A veces nevaba.

c. 시간 - '2시였다'

'~시이다'와 같이 시간을 말할 때에는 ser 동사를 활용합니다.

✔ 몇 시야?	➡ ¿Qué hora es?
✔ 1시야.	➡ Es la una.
✔ 2시야.	➡ Son las dos.
✔ 3시 반이야.	➡ Son las tres y media.
✔ 4시 15분이야.	➡ Son las cuatro y cuarto.

[불완료 과거시제 - ser 동사 규칙 변화 형태]

'1시였다'와 같이 시간을 과거로 표현할 때에는 불완료 과거시제를 활용합니다. 예문을 보기에 앞서서, ser 동사의 불완료 과거시제 불규칙 변화 형태를 학습하겠습니다.

ser	
Yo	era
Tú	eras
Usted / Él / Ella	era
Nosotros/as	éramos
Vosotros/as	erais
Ustedes / Ellos / Ellas	eran

✔ 몇 시였어?	➡ ¿Qué hora era?
✔ 1시였어.	➡ Era la una.
✔ 1시 반이었어.	➡ Era la una y media.
✔ 1시 15분이었어.	➡ Era la una y cuarto.
✔ 10시였어.	➡ Eran las diez.
✔ 10시 20분이었어.	➡ Eran las diez y veinte.
✔ 12시 15분이었어.	➡ Eran las doce y quince.

d. 사람 / 사물 추억 및 묘사

'우리 엄마는 예뻤었다'와 같이 과거의 사람 혹은 사물을 추억하거나 묘사할 때 불완료 과거시제를 활용합니다.
이 경우 많이 쓰이는 ser 동사로 말하기 연습을 해 봅시다.

- ✔ 우리 엄마는 예뻤었다.　　　　➡ Mi mamá era guapa.
- ✔ 그 여자애는 매우 친절했었다.　➡ La chica era muy amable.
- ✔ 우리 집은 매우 컸었다.　　　　➡ Mi casa era muy grande.
- ✔ 나는 어렸었다.　　　　　　　➡ Yo era pequeño/a.

✏️ 따라 써 보기 | 한국어 해석을 보면서 스페인어를 써 보세요.

① 너는 몇 살이었니?

¿Cuántos años tenías?

② 우리들은 15살이었다.

Teníamos quince años.

③ 매우 좋은 날씨였다.

Hacía muy buen tiempo.

④ 1시 15분이었어.

Era la una y cuarto.

⑤ 우리 집은 매우 컸었다.

Mi casa era muy grande.

연습 문제

오늘 배운 내용을 완전히 내 것으로 만들어 봐요!

❶ 인칭대명사에 따라 ser 동사의 불완료 과거형을 적어 봅시다.

ser

a. Yo

b. Tú

c. Él / Ella / Usted

d. Nosotros

e. Vosotros

f. Ellos / Ellas / Ustedes

❷ 알맞은 동사 변화 형태를 넣어 문장을 완성해 봅시다.

a. 나는 10살이었다.

→ Yo _____ diez años.

b. 몇 시였어?

→ ¿Qué hora _____ ?

c. 우리 아빠는 멋있었다.

→ Mi papá _____ guapo.

d. 가끔 눈이 많이 왔다.

→ A veces _____ mucho.

❸ 오늘 배운 표현들을 직접 작문해 봅시다.

a. 나는 20살이었다.

→ _____

b. 오후 3시 반이었다.

➡ _____

c. 우리 엄마는 예뻤었다.

➡ _____

❹ 제시된 단어를 이용해 직접 작문해 봅시다.

> frío m. 추위 | calor m. 더위 | guapa 예쁜

a. 2시 20분이었어.   ➡ _____

b. 항상 추웠다.   ➡ _____

c. 엄청 더웠다.   ➡ _____

d. 그 여자애는 매우 예뻤었다.   ➡ _____

오늘 꼭 기억해 두어야 할 문장! 완전히 내 것으로 만들어 봐요.

❶ Yo tenía veinte años.

❷ Eran las tres y media de la tarde.

❸ Mi mamá era guapa.

정답

1   a. era / b. eras / c. era / d. éramos / e. erais / f. eran

2   a. tenía / b. era / c. era / d. nevaba

3   a. Yo tenía veinte años. / b. Eran las tres y media de la tarde. / c. Mi mamá era guapa.

4   a. Eran las dos y veinte. / b. Siempre hacía frío.(= Hacía frío siempre.) / c. Hacía mucho calor. / d. La chica era
     muy guapa.

Capítulo 27

Cuando yo tenía veinte años, iba a la playa.

내가 20살이었을 때, 나는 바닷가에 가곤 했습니다.

학습 목표

이번 시간에는 'cuando ~ 때'를 활용하여 '내가 20살이었을 때, 나는 일요일마다 영화관에 가곤 했어'와 같은 문장을 만들어 봅시다.

학습 단어

llover 비가 오다 | entender 이해하다 | cuando ~ 때 | joven 젊은; 젊은이, 청년 | discoteca f. 클럽

지난 시간 복습

잠깐! 다시 떠올려 볼까요?

❶ 불완료 과거시제 - ser 동사의 불규칙 변화 형태

ser	
Yo	era
Tú	eras
Usted / Él / Ella	era
Nosotros/as	éramos
Vosotros/as	erais
Ustedes / Ellos / Ellas	eran

❷ 불완료 과거시제의 다양한 쓰임

불완료 과거시제는 대표적으로 '~하곤 했다'라고 해석됩니다. 그런데 해석과 관계없이 시간, 날씨, 시간을 과거로 말하거나 과거의 사람 혹은 사물을 추억하거나 묘사할 때 불완료 과거시제가 사용될 수 있습니다.

a. 나이 - '나는 15살이었다'

b. 날씨 - '자주 비가 왔었다'

c. 시간 - '오후 3시였다'

d. 사람 / 사물 추억 or 묘사 - '우리 아빠는 매우 잘생겼었다'

❸ 지난 강의 주요 표현

✔ 나는 30살이었다.   → Yo tenía treinta años.

✔ 엄청 추웠다.   → Hacía mucho frío.

✔ 밤 10시였다.   → Eran las diez de la noche.

✔ 우리 아빠는 잘생겼었다.   → Mi papá era guapo.

오늘도 하나씩 쌓아 가기!

오늘의 표현과 단어를 하나씩 쌓고, 밑줄 포인트를 익혀 봅시다.

❶ 오늘의 표현

✔ 이해가 안 돼요. → No entiendo.

TIP 이해하다 → entender(현재시제일 때 e → ie로 바뀌는 불규칙 동사)

❷ 오늘의 단어

✔ ~ 때   → cuando

✔ 젊은; 청년, 젊은이   → joven

✔ 클럽   → la discoteca

❸ 오늘의 밑줄 긋기

◆ 스페인어에는 'entender' 이외에도 '이해하다'라는 의미를 가진 또 다른 단어가 있습니다. 바로 comprender 동사인데요. '이해가 안 돼요'라는 표현은 스페인어로 'No entiendo', 또는 'No comprendo'로도 할 수 있습니다.

오늘의 학습

오늘은 무엇을 배워 볼까요?

① 오늘의 핵심 포인트

오늘은 'cuando'를 사용해서 '~ 때'라는 표현을 배워보도록 하겠습니다. 지금까지 학습한 단순 과거 시제와 불완료 과거시제를 활용하여 '내가 집에 도착했을 때, 우리 엄마는 요리를 하고 있었다' 혹은 '내가 20살이었을 때, 나는 매일매일 영화관에 가곤 했다'와 같은 문장을 말해 봅시다.

② 불완료 과거시제 정리

본격적으로 이번 시간에 들어가기에 앞서 불완료 과거시제의 형태 및 활용을 복습해 보겠습니다. 불완료 과거시제는 과거의 지속성을 나타내는 과거시제로써 보통 '~하곤 했다'로 해석됩니다. 또한 ir, ser, ver 동사를 제외한 모든 동사들이 규칙 동사입니다.

a. 불완료 과거시제 - -ar 동사 규칙 변화 형태

tomar 마시다 → 마시곤 했다	
Yo	tom**aba**
Tú	tom**abas**
Usted / Él / Ella	tom**aba**
Nosotros/as	tom**ábamos**
Vosotros/as	tom**abais**
Ustedes / Ellos / Ellas	tom**aban**

b. 불완료 과거시제 - -er, -ir 동사 규칙 변화 형태

	comer	salir
Yo	comía	salía
Tú	comías	salías
Usted / Él / Ella	comía	salía
Nosotros/as	comíamos	salíamos
Vosotros/as	comíais	salíais
Ustedes / Ellos / Ellas	comían	salían

c. 불완료 과거시제 - 'ir 가다', 'ver 보다', 'ser ~이다' 동사 불규칙 변화 형태

	ir	ver	ser
Yo	iba	veía	era
Tú	ibas	veías	eras
Usted / Él / Ella	iba	veía	era
Nosotros/as	íbamos	veíamos	éramos
Vosotros/as	ibais	veíais	erais
Ustedes / Ellos / Ellas	iban	veían	eran

d. 불완료 과거시제의 활용

[과거 진행형 - ~하는 중이었다 /~하고 있었다]

'estar + 현재분사(-ando/-iendo) = ~하는 중이다' 형태에서 estar 동사의 불완료 과거시제를 활용하면 '~하는 중이었다'와 같이 과거 진행형 문장을 표현할 수 있습니다.

✔ 너는 뭐 하는 중이었어?　　　　　　　➡ ¿Qué estabas haciendo?

✔ 나는 탱고를 추는 중이었어.　　　　　➡ Yo estaba bailando tango.

✔ 나는 스페인어를 공부하는 중이었어.　➡ Yo estaba estudiando español.

✔ 나는 타코를 먹는 중이었어.　　　　　➡ Yo estaba comiendo tacos.

✔ 나는 내 남자 친구랑 영화 한 편을 보는 중이었어.
　　➡ Yo estaba viendo una película con mi novio.

✔ 나는 편지 한 통을 적는 중이었어.
　　➡ Yo estaba escribiendo una carta.

[나이, 날씨, 시간 및 사람/사물 묘사하기]
나이, 날씨, 시간을 과거로 말하거나 과거의 사람 및 사물을 추억하고 묘사할 때에 불완료 과거시제를 사용합니다.

✔ 나는 20살이었다.　　　　　　➡ Yo tenía veinte años.

✔ Yessi는 35살이었다.　　　　　➡ Yessi tenía treinta y cinco años.

✔ 매우 좋은 날씨였다.　　　　　➡ Hacía muy buen tiempo.

✔ 엄청 더웠다.　　　　　　　　➡ Hacía mucho calor.

✔ 밤 11시 반이었다.　　　　　　➡ Eran las once y media de la noche.

✔ 오후 3시 반이었다.　　　　　➡ Eran las tres y media de la tarde.

✔ 나는 어렸었다.　　　　　　　➡ Yo era pequeño/a.

✔ 우리 엄마는 예뻤었다.　　　　➡ Mi mamá era guapa.

❸ 'cuando ~ 때' 활용하기

ᵃ. **단순 과거시제 + 과거진행형** - '내가 집에 도착했을 때, 우리 엄마는 요리를 하고 있었다'

✔ 내가 집에 도착했을 때, 우리 엄마는 요리를 하고 있었다.
→ Cuando **llegué** a casa, mi mamá **estaba cocinando**.

✔ 내가 집에 도착했을 때, 우리 아빠는 떼낄라를 마시고 있었다.
→ Cuando **llegué** a casa, mi papá **estaba tomando** tequila.

✔ 내가 학교에 갔을 때, 학생들은 운동하고 있었다.
→ Cuando **fui** a la escuela, los estudiantes **estaban haciendo** ejercicio.

✔ 내가 학교에 갔을 때, 학생들은 공부하고 있었다.
→ Cuando **fui** a la escuela, los estudiantes **estaban estudiando**.

✔ 내가 호텔에서 나갔을 때, Lucía는 음악을 듣고 있었다.
→ Cuando **salí** del hotel, Lucía **estaba escuchando** música.

✔ 내가 호텔에서 나갔을 때, Juan은 공원을 산책하고 있었다.
→ Cuando **salí** del hotel, Juan **estaba paseando** por el parque.

ᵇ. **불완료 과거시제 + 불완료 과거시제** - '내가 어렸을 때, 나는 여행을 많이 하곤 했다'

✔ 내가 20살이었을 때, 일요일마다 나는 영화관에 가곤 했다.
→ Cuando yo **tenía** veinte años, los domingos (yo) **iba** al cine.

✔ 내가 20살이었을 때, 토요일마다 나는 클럽에 가곤 했다.
→ Cuando yo **tenía** veinte años, los sábados (yo) **iba** a la discoteca.

✔ 내가 20살이었을 때, 월요일마다 학원에 가곤 했다.
→ Cuando yo **tenía** veinte años, los lunes (yo) **iba** a la academia.

✔ (주어가 여성일 때) 내가 어렸을 때, 나는 여행을 많이 하곤 했다.
→ Cuando yo **era** pequeña, (yo) **viajaba** mucho.

✔ (주어가 남성일 때) 내가 어렸을 때, 매일매일 나는 해변에 가곤 했다.
→ Cuando yo **era** pequeño, todos los días (yo) **iba** a la playa.

✔ (주어가 남성일 때) 내가 어렸을 때, 나는 초콜릿을 먹곤 했다.
→ Cuando yo **era** pequeño, (yo) **comía** chocolate.

✔ 내가 젊었을 때, 나는 축구를 하곤 했다.
→ Cuando yo **era** joven, (yo) **jugaba** al fútbol.

✔ 내가 젊었을 때, 나는 스페인을 여행하곤 했다.
→ Cuando yo **era** joven, (yo) **viajaba** por España.

🖉 따라 써 보기 | 한국어 해석을 보면서 스페인어를 써 보세요.

① 내가 집에 도착했을 때, 우리 아빠는 떼낄라를 마시고 있었다.

Cuando llegué a casa, mi papá estaba tomando tequila.

② 내가 호텔에서 나갔을 때, Lucía는 음악을 듣고 있었다.

Cuando salí del hotel, Lucía estaba escuchando música.

③ 내가 호텔에서 나갔을 때, Juan은 공원을 산책하고 있었다.

Cuando salí del hotel, Juan estaba paseando por el parque.

④ 내가 20살이었을 때, 토요일마다 나는 클럽에 가곤 했다.

Cuando yo tenía veinte años, los sábados (yo) iba a la discoteca.

연습 문제

오늘 배운 내용을 완전히 내 것으로 만들어 봐요!

① 알맞은 현재분사를 넣어 다음 문장을 완성해 봅시다.

a. 나는 탱고를 추는 중이었어.　　→ Yo estaba ＿＿＿＿＿ tango.

b. 나는 스페인어를 공부하는 중이었어.　→ Yo estaba ＿＿＿＿＿ español.

c. 나는 타코를 먹는 중이었어.　　→ Yo estaba ＿＿＿＿＿ tacos.

d. 나는 편지 한 통을 적는 중이었어.　→ Yo estaba ＿＿＿＿＿ una carta.

② 나열된 단어를 순서대로 배열하여 문장을 만들어 봅시다.

a. 내가 20살이었을 때, 나는 매일 축구를 하곤 했다.
(veinte / yo / al / los / cuando / fútbol / yo / todos / días / tenía / jugaba / años)

➡ ＿＿＿＿＿＿＿＿＿＿＿＿＿＿＿＿＿＿＿＿＿＿＿＿＿＿

b. 내가 어렸을 때, 나는 여행을 많이 가곤 했다.
(pequeña / viajaba / yo / yo / mucho / era / cuando)

➡ ＿＿＿＿＿＿＿＿＿＿＿＿＿＿＿＿＿＿＿＿＿＿＿＿＿＿

c. 내가 집에 도착했을 때, Lucía는 노래를 부르고 있었다.
(cuando / casa / llegué / Lucía / cantando / a / estaba)

➡ ＿＿＿＿＿＿＿＿＿＿＿＿＿＿＿＿＿＿＿＿＿＿＿＿＿＿

d. 내가 집을 나갔을 때, Juan은 피자를 먹는 중이었다.
(comiendo / salí / cuando / de / casa / la / Juan / pizza / estaba)

➡ ＿＿＿＿＿＿＿＿＿＿＿＿＿＿＿＿＿＿＿＿＿＿＿＿＿＿

③ 오늘 배운 표현들을 직접 작문해 봅시다.

a. 내가 집에 도착했을 때, 우리 엄마는 TV를 보고 있었다.

➡ ＿＿＿＿＿＿＿＿＿＿＿＿＿＿＿＿＿＿＿＿＿＿＿＿＿＿

b. 내가 20살이었을 때, 나는 바닷가에 가곤 했다.

➡ _____

c. 내가 젊었을 때, 나는 매일매일 영화관에 가곤 했다.

➡ _____

④ **제시된 단어를 이용해 직접 작문해 봅시다.**

> estudiante m.f. 학생 | discoteca f. 클럽 | joven 젊은; 젊은이, 청년

a. 학생들은 스페인어 공부를 하는 중이었다.

➡ _____

b. 내가 학교에 도착했을 때, 학생들은 스페인어 공부를 하는 중이었다.

➡ _____

c. 매일매일 나는 클럽에 가곤 했다.

➡ _____

d. 내가 20살이었을 때, 매일매일 나는 클럽에 가곤 했다.

➡ _____

오늘 꼭 기억해 두어야 할 문장! 완전히 내 것으로 만들어 봐요.

① Cuando llegué a casa, mi mamá estaba viendo la tele.
② Cuando yo tenía veinte años, (yo) iba a la playa.
③ Cuando yo era joven, todos los días (yo) iba al cine.

정답

1 **a.** bailando / **b.** estudiando / **c.** comiendo / **d.** escribiendo

2 **a.** Cuando yo tenía veinte años, yo jugaba al fútbol todos los días. / **b.** Cuando yo era pequeña, yo viajaba mucho. / **c.** Cuando llegué a casa, Lucía estaba cantando. / **d.** Cuando salí de la casa, Juan estaba comiendo pizza

3 **a.** Cuando llegué a casa, mi mamá estaba viendo la tele. / **b.** Cuando yo tenía veinte años, (yo) iba a la playa. / **c.** Cuando yo era joven, todos los días (yo) iba al cine.

4 **a.** Los estudiantes estaban estudiando español. / **b.** Cuando llegué a la escuela, los estudiantes estaban estudiando español. / **c.** Todos los días (yo) iba a la discoteca. / **d.** Cuando yo tenía veinte años, todos los días (yo) iba a la discoteca.

Capítulo

28

No pude vs. No podía

단순 과거 VS 불완료 과거

학습
목표

이번 시간에는 스페인어의 대표적인 과거시제인 단순 과거시제와 불완료 과거시제를 비교해 봅시다.

학습
단어

molestar 괴롭히다, 귀찮게 하다 | **agotado/a** 지친

지난 시간 복습

잠깐! 다시 떠올려 볼까요?

❶ 'cuando ~ 때' 활용하기

지난 시간에는 'cuando ~ 때'와 스페인어 과거시제를 활용하여 문장을 만들어 보았습니다.

a. 단순 과거시제와 과거 진행형 활용하기

✔ 내가 집에 도착했을 때, 우리 엄마는 요리를 하고 있었다.
→ Cuando **llegué** a casa, mi mamá **estaba cocinando.**

b. 불완료 과거시제 활용하기

✔ (주어가 여성일 때) 내가 어렸을 때, 나는 산에 가곤 했다.
→ Cuando yo **era** pequeña, (yo) **iba** a la montaña.

❷ 지난 강의 주요 표현

✔ 내가 학교에 갔을 때, 학생들은 운동을 하고 있었다.
→ Cuando fui a la escuela, los estudiantes estaban haciendo ejercicio.

✔ 내가 학교에 갔을 때, 학생들은 공부하고 있었다.
→ Cuando fui a la escuela, los estudiantes estaban estudiando.

✔ 내가 젊었을 때, 매일매일 나는 축구를 하곤 했다.
→ Cuando yo era joven, todos los días (yo) jugaba al fútbol.

✔ 내가 젊었을 때, 나는 일요일마다 영화관에 가곤 했다.
→ Cuando yo era joven, los domingos (yo) iba al cine.

오늘도 하나씩 쌓아 가기!

오늘의 표현과 단어를 하나씩 쌓고, 밑줄 포인트를 익혀 봅시다.

① 오늘의 표현

✔ 귀찮게 하지 마세요. ➡ No me moleste.

TIP 괴롭히다, 귀찮게 하다 → molestar

② 오늘의 단어

✔ 지친 ➡ agotado/a

③ 오늘의 밑줄 긋기

◆ 역구조 동사라 불리는 gustar 동사 기억하시나요? '괴롭히다, 귀찮게 하다'라는 의미의 molestar 동사 또한 gustar 동사와 마찬가지로 역구조 형태를 취합니다. 그렇기 때문에 'me molesta(n)', 'te molesta(n)', 'le molesta(n)', 'nos molesta(n)', 'os molesta(n)', 'les molesta(n)'의 형태로 사용된다는 점, 기억해 주세요!

오늘의 학습

오늘은 무엇을 배워 볼까요?

① 오늘의 핵심 포인트

단순 과거시제와 불완료 과거시제의 차이는 다음과 같이 정리할 수 있습니다.

단순 과거	불완료 과거
과거 특정 시점에 일어난 일을 표현	과거에 지속성을 가지고 있는 일을 표현
~했다	1) ~하곤 했다 2) 나이, 날씨, 시간, 사람/사물 묘사 3) ~이었다

이번 시간에는 단순 과거시제와 불완료 과거시제를 비교해 봅시다. 불완료 과거시제의 경우 위의 표에 적혀 있는 3번과 같이 동사에 따라 '~이었다'라고 해석되기도 합니다. 이 경우, 단순 과거시제와 어떠한 차이점이 있는지 대표적인 동사 5가지를 통해 알아봅시다.

② 단순 과거 VS 불완료 과거

단순 과거시제와 불완료 과거시제를 쉽게 구분하는 방법은 과거 특정 시점을 나타내는 'ayer 어제'와 지속성을 나타내는 'antes 예전에'를 통해 구별하는 방법입니다.

a. ESTAR → Estuve vs. Yo estaba

✔ 어제 나는 아팠다.   → Ayer estuve enfermo/a.

✔ 예전에 나는 아팠다.   → Antes yo estaba enfermo/a.

✔ 어제 나는 지쳐 있었다.   → Ayer estuve agotado/a.

✔ 예전에 나는 지쳐 있었다.   → Antes yo estaba agotado/a.

✔ 어제 나는 부산에 있었다.   → Ayer estuve en 부산.

✔ 예전에 나는 멕시코에 있었다.   → Antes yo estaba en México.

b. PODER → No pude vs. Yo no podía

✔ 어제 나는 수영을 할 수 없었다.　　→ Ayer no pude nadar.

✔ 예전에 나는 수영을 할 수 없었다.　　→ Antes yo no podía nadar.

✔ 어제 나는 춤을 출 수 없었다.　　→ Ayer no pude bailar.

✔ 예전에 나는 탱고를 출 수 없었다.　　→ Antes yo no podía bailar tango.

✔ 어제 나는 스페인어를 공부할 수 없었다.　　→ Ayer no pude estudiar español.

✔ 예전에 나는 바에서 노래를 할 수 없었다.　　→ Antes yo no podía cantar en el bar.

✔ 어제 나는 공원을 산책할 수 없었다.　　→ Ayer no pude pasear por el parque.

✔ 예전에 나는 음악을 들을 수 없었다.　　→ Antes yo no podía escuchar música.

c. QUERER → Quise vs. Yo quería

✔ 어제 나는 사고 싶었다.　　→ Ayer quise comprar.

✔ 예전에 나는 사고 싶었다.　　→ Antes yo quería comprar.

✔ 어제 나는 떼낄라를 마시고 싶었다.　　→ Ayer quise tomar tequila.

✔ 예전에 나는 자동차 한 대를 사고 싶었다.　　→ Antes yo quería comprar un coche.

✔ 어제 나는 그 책을 사고 싶었다.　　→ Ayer quise comprar el libro.

✔ 예전에 나는 박물관 하나를 사고 싶었다.　　→ Antes yo quería comprar un museo.

✔ 어제 나는 그 테이블을 사고 싶었다.　　→ Ayer quise comprar la mesa.

✔ 예전에 나는 멕시코에 가고 싶었다.　　→ Antes yo quería ir a México.

d. TENER → Tuve vs. Yo tenía

✔ 어제 나는 요가를 해야만 했다.   → Ayer tuve que hacer yoga.

✔ 예전에 나는 요가를 해야만 했다.   → Antes yo tenía que hacer yoga.

✔ 어제 나는 스페인어를 배워야만 했다.   → Ayer tuve que aprender español.

✔ 예전에 나는 플라멩코를 배워야만 했다.   → Antes yo tenía que aprender flamenco.

✔ 어제 나는 학교에 가야만 했다.   → Ayer tuve que ir a la escuela.

✔ 예전에 나는 공부를 열심히 해야만 했다.   → Antes yo tenía que estudiar mucho.

e. SABER → Supe vs. Yo sabía

saber 동사의 경우 'supe'는 '나는 알게 됐다', 'sabía'는 '나는 알았다'에 가깝게 해석됩니다.

✔ 어제 나는 Daniel이 의사인 것을 알게 됐다.
→ Ayer supe que Daniel es médico.

✔ 예전에 나는 Daniel이 의사인 것을 몰랐다.
→ Antes yo no sabía que Daniel es médico.

✔ 어제 나는 Alicia가 변호사라는 것을 알게 됐다.
→ Ayer supe que Alicia es abogada.

✔ 예전에 나는 Alicia가 변호사인 것을 몰랐다.
→ Antes yo no sabía que Alicia es abogada.

✔ 어제 나는 Daniel이 서울에 산다는 것을 알게 됐다.
→ Ayer supe que Daniel vive en Seúl.

✔ 예전에 나는 Daniel이 서울에 산다는 것을 몰랐다.
→ Antes yo no sabía que Daniel vive en Seúl.

✔ 어제 나는 Juan이 한국 사람이라는 것을 알게 됐다.
→ Ayer supe que Juan es coreano.

✔ 예전에 나는 Juan이 한국 사람이라는 것을 몰랐다.
→ Antes yo no sabía que Juan es coreano.

연습 문제

오늘 배운 내용을 완전히 내 것으로 만들어 봐요!

❶ 인칭대명사에 따라 conocer 동사의 과거시제를 적어 봅시다.

	conocer
a. Yo	
b. Tú	
c. Él / Ella / Usted	
d. Nosotros	
e. Vosotros	
f. Ellos / Ellas / Ustedes	

❷ 나열된 단어를 순서대로 배열하여 문장을 만들어 봅시다.

a. 어제 나는 Alicia가 변호사라는 것을 알게 됐다.
(supe / ayer / que / Alicia / abogada / es)

➡ _____

b. 예전에 나는 아르헨티나에 있었다.
(antes / yo / en / Argentina / estaba)

➡ _____

c. 어제 나는 그 박물관에 가고 싶었다.
(ir / quise / ayer / museo / al)

➡ _____

d. 예전에 나는 축구를 할 수 없었다.
(jugar / yo / al / podía / no / fútbol / antes)

➡ _____

❸ 오늘 배운 표현들을 직접 작문해 봅시다.

a. 예전에 나는 그 책을 사고 싶었다.

➡ _____

b. 어제 나는 공부를 열심히 할 수 없었다.

➡ _____

c. 어제 나는 운동을 해야만 했다.

➡ _____

d. 예전에 나는 Carlos가 서울에 있다는 것을 몰랐다.

➡ _____

④ **제시된 단어를 이용해 직접 작문해 봅시다.**

> inglés m. 영어 | saber 알다 | pintor m. 화가(남자)

a. 어제 나는 영어를 배워야만 했다.　　　　➡ _____

b. 예전에 나는 영어를 배워야만 했다.　　　➡ _____

c. 어제 나는 Juan이 화가라는 것을 알게 됐다.　➡ _____

d. 예전에 나는 Juan이 화가라는 것을 몰랐다.　➡ _____

오늘 꼭 기억해 두어야 할 문장! 완전히 내 것으로 만들어 봐요.

❶ Antes yo quería comprar el libro. ❷ Ayer no pude estudiar mucho.

❸ Ayer yo tuve que hacer ejercicio. ❹ Antes no sabía que Carlos está en Seúl.

정답

1 a. conocí / b. conociste / c. conoció / d. conocimos / e. conocisteis / f. conocieron

2 a. Ayer supe que Alicia es abogada. / b. Antes yo estaba en Argentina. / c. Ayer quise ir al museo. / d. Antes yo no podía jugar al fútbol.

3 a. Antes yo quería comprar el libro. / b. Ayer no pude estudiar mucho. / c. Ayer yo tuve que hacer ejercicio. / d. Antes yo no sabía que Carlos está en Seúl.

4 a. Ayer tuve que aprender inglés. / b. Antes yo tenía que aprender inglés. / c. Ayer supe que Juan es pintor. / d. Antes yo no sabía que Juan es pintor.

Capítulo 29

¿Dónde la conociste?

다이얼로그로 복습하기

학습 목표
이번 시간에는 다이얼로그를 통해 그동안 배운 내용을 정리해 보고, 상황별 단어 및 표현을 배워 봅시다.

학습 단어
socorro m. 구조 | auxilio m. 도움 | saber (정보, 지식 등을) 알다 | conocer (경험을 통해) 알다 | vario/a 여러 가지의 | probar 맛보다, 입어 보다 | por cierto 그건 그렇고, 그런데 | solo 오직 | interesar 흥미를 주다 | cultura española f. 스페인 문화 | América Latina 라틴아메리카 | plato m. 요리, 음식

지난 시간 복습

잠깐! 다시 떠올려 볼까요?

❶ 단순 과거 VS 불완료 과거

단순 과거시제와 불완료 과거시제의 차이는 다음과 같이 정리할 수 있습니다.

단순 과거	불완료 과거
과거 특정 시점에 일어난 일을 표현	과거에 지속성을 가지고 있는 일을 표현
~했다	1) ~하곤 했다 2) 나이, 날씨, 시간, 사람/사물 묘사 3) ~이었다

지난 시간에는 단순 과거 시제와 불완료 과거 시제에서 한국어 해석으로 비교가 어려운 대표적인 동사 5가지를 'ayer 어제'와 'antes 예전에'를 활용하여 의미를 구분해 보았습니다.

❷ 지난 강의 주요 표현

✔ 어제 나는 수영을 할 수 없었다.　　　➡ Ayer no pude nadar.

✔ 예전에 나는 수영을 할 수 없었다.　　➡ Antes yo no podía nadar.

✔ 어제 나는 공부를 열심히 해야 했다.　➡ Ayer tuve que estudiar mucho.

✔ 예전에 나는 공부를 열심히 해야 했다.➡ Antes yo tenía que estudiar mucho.

✔ 어제 나는 Yessi가 치과 의사라는 것을 알게 됐다.
　➡ Ayer supe que Yessi es dentista.

✔ 예전에 나는 Yessi가 치과 의사라는 것을 몰랐다.
　➡ Antes yo no sabía que Yessi es dentista.

오늘도 하나씩 쌓아 가기!

오늘의 표현과 단어를 하나씩 쌓고, 밑줄 포인트를 익혀 봅시다.

① 오늘의 표현

✔ 도와주세요! ➡ ¡Socorro!

✔ 도와주세요! ➡ ¡Auxilio!

TIP 구조 → el socorro / 도움 → el auxilio

② 오늘의 단어

✔ (경험을 통해) 알다 ➡ conocer

TIP saber 동사는 '(정보, 지식 등을) 알다'이고, conocer 동사는 '(경험을 통해) 알다'라는 뜻입니다.

[현재시제 - conocer 동사 불규칙 변화 형태]

conocer	
Yo	**conozco**
Tú	conoces
Usted / Él / Ella	conoce
Nosotros/as	conocemos
Vosotros/as	conocéis
Ustedes / Ellos / Ellas	conocen

[단순 과거 시제 - conocer 동사 규칙 변화 형태]

conocer	
Yo	conocí
Tú	conociste
Usted / Él / Ella	conoció
Nosotros/as	conocimos
Vosotros/as	conocisteis
Ustedes / Ellos / Ellas	conocieron

✔ 여러 가지의, 다양한   → vario/a (+ 명사)

✔ 맛보다 / 입어 보다   → probar

TIP 현재시제일 때 o → ue로 바뀌는 불규칙 동사

✔ 그건 그렇고, 그런데   → por cierto

✔ ~처럼, ~같은   → como

✔ 오직   → solo

✔ 흥미를 주다   → interesar

TIP gustar 동사의 구조를 가지는 동사

✔ 스페인 문화   → la cultura española

✔ 라틴아메리카, 중남미   → América Latina

✔ 당연하지!   → ¡Claro que sí!

✔ 요리, 음식   → el plato

❸ 오늘의 밑줄 긋기

◆ 스페인어로 '당연하지!'를 뜻하는 '¡Claro que sí!'는 '¡Por supuesto!' 혹은 '¡Cómo no!'와 같은 표현으로도 쓰일 수 있습니다.

오늘의 학습

오늘은 무엇을 배워 볼까요?

① 오늘의 핵심 포인트

이번 시간은 왕초보 탈출 3탄의 마지막 시간입니다. 지금까지 배운 내용이 포함되어 있는 다이얼로그를 통해 한 번 더 점검해 보고, 상황별 단어 및 표현을 배워 봅시다.

② 상황(1) - '그녀를 알게 되었어'

> **Lucía:** ¿Quién es la chica que me presentaste ayer?
>
> **Siliva:** Se llama Yessi, y es coreana.
>
> **Lucía:** ¿Dónde la conociste?
>
> **Silvia:** La conocí en el viaje. Ahora estoy viajando con ella. Ella conoce bien este país.

Lucía: 어제 네가 나에게 소개해 주었던 그 여자애 누구야?

Siliva: 그 여자애는 Yessi이고 한국 여자야.

Lucía: 어디에서 그녀를 알게 되었니?

Silvia: 여행에서 그녀를 알게 되었어. 지금 그녀와 함께 여행 중이야. 그녀는 이 나라를 잘 알아.

③ 상황(2) - '내가 어렸을 때…'

> **Lucía:** Por cierto, ¿por dónde has viajado?
>
> **Silvia:** He viajado por varios países.
>
> Cuando yo era pequeña, viajaba mucho con mis padres por Estados Unidos, Japón y China. ¿Y tú?

Lucía: 그건 그렇고, 너는 어디를 여행했어?

Silvia: 다양한 나라들을 여행했어.

내가 어렸을 때, 내 부모님이랑 미국, 일본, 중국을 많이 여행하곤 했어. 너는?

④ 상황(3) - '나는 중남미를 여행하고 싶어'

> **Lucía:** He viajado solo por España porque me interesa conocer la cultura española.
>
> También quiero viajar por América Latina.
>
> Ayer supe que América Latina tiene muchas comidas ricas como tacos y
>
> empanadas.
>
> ¿Has probado?

Lucía: 오직 나는 스페인만 여행했어. 왜냐하면 나는 스페인 문화를 경험하는 데 관심이 많거든.

또한 나는 중남미를 여행하고 싶어.

어제 중남미가 타코와 엠빠나다와 같은 맛있는 음식을 갖고 있다는 것을 알게 되었어.

그것들을 먹어 본 적 있니?

⑤ 상황(4) - '세비체가 가장 맛있는 요리인 것 같아'

> **Silvia:** ¡Claro que sí! Creo que ceviche es el plato más rico. Tienes que probarlo.
> **Lucía:** ¡Vale! Gracias. Si voy a América Latina, lo probaré.

Silvia: 물론이지! 내 생각에는 세비체가 제일 맛있는 것 같아. 너는 그것을 먹어 봐야 해.

Lucía: 응, 고마워. 만약에 내가 중남미에 간다면, 그것을 먹어 볼게.

[Daniel은 가장 잘생긴 남자애다]

'Daniel es el más guapo. 다니엘이 가장 잘생겼어'라는 최상급 표현 기억하시나요? 이번에는 '다니엘이 가장 잘생긴 남자애야'와 같이 최상급을 표현할 때 명사를 활용하는 방법을 배워 보겠습니다. 명사의 위치는 '정관사 (el / los / la / las)와 más / menos 사이'에 위치합니다.

✔ Daniel은 가장 잘생긴 남자애다.   ➡ Daniel es el chico más guapo.

✔ Yessi가 가장 예쁜 여자애다.   ➡ Yessi es la chica más guapa.

✔ 세비체는 가장 맛있는 요리이다.   ➡ Ceviche es el plato más rico.

연습 문제

오늘 배운 내용을 완전히 내 것으로 만들어 봐요!

❶ 알맞은 현재분사를 넣어 다음 문장을 완성해 봅시다.

a. 어제 나는 마드리드에 있었다. → Ayer yo _____ en Madrid.

b. 예전에 나는 탱고를 출 수 없었다. → Antes yo no _____ bailar tango.

c. 어제 나는 요가를 해야만 했다. → Ayer yo _____ que hacer yoga.

d. 예전에 나는 지쳐 있었다. → Antes yo _____ agotado.

❷ 다음 보기의 밑줄 친 내용과 일치하는 스페인어를 적어 봅시다.

> **보기**
>
> Lucía: a. 그건 그렇고, ¿por dónde has viajado?
>
> Silvia: He viajado por b. 다양한 países.
>
> Cuando yo era pequeña, viajaba mucho con c. 나의 부모님 por
> Estados Unidos, Japón y China. ¿Y tú?

a. 그건 그렇고 → _____

b. 다양한 → _____

c. 나의 부모님 → _____

❸ 오늘 배운 표현들을 직접 작문해 봅시다.

a. 만약에 내가 중남미에 간다면, 그것을 먹어 볼게.

→ _____

b. 그녀는 이 나라를 잘 알아. (conocer 동사 활용)

➡ _____

c. 어제 네가 나에게 소개해 주었던 그 여자애는 누구야?

➡ _____

④ **제시된 단어를 이용해 직접 작문해 봅시다.**

> conocer 알다 | viajar 여행하다 | guapo 잘생긴 | ceviche m. 세비체 | plato m. 요리

a. 나는 오직 스페인만 여행했어.   ➡ _____

b. 어디에서 그녀를 알게 되었니?   ➡ _____

c. 다니엘은 가장 잘생겼다.   ➡ _____

d. 세비체는 가장 맛있는 음식이다.   ➡ _____

오늘 꼭 기억해 두어야 할 문장! 완전히 내 것으로 만들어 봐요.

① Si voy a América Latina, lo probaré.

② Ella conoce bien este país.

③ ¿Quién es la chica que me presentaste ayer?

정답

1   **a.** estuve / **b.** podía / **c.** tuve / **d.** estaba

2   **a.** Por cierto / **b.** varios / **c.** mis padres

3   **a.** Si voy a América Latina, lo probaré. / **b.** Ella conoce bien este país. / **c.** ¿Quién es la chica que me presentaste ayer?

4   **a.** He viajado solo por España. / **b.** ¿Dónde la conociste? / **c.** Daniel es el más guapo. / **d.** Ceviche es la comida más rica.

PARTE 07

주요 문장 한번 더 짚고 가기!

1 Alicia viajaba mucho.

2 Ellos viajaban por China.

3 Ellas comían en el restaurante.

4 Los lunes yo salía a trabajar.

5 Íbamos al cine.

6 Los domingos yo veía a mis padres.

7 Ellos están comiendo paella.

8 Estábamos viajando por China.

9 Yo tenía doce años.

10 A veces llovía.

11 Eran las doce y quince.

12 Cuando fui a la escuela, los estudiantes estaban estudiando.

13 Cuando yo era joven, (yo) viajaba por España.

14 Ayer tuve que aprender español.

15 Antes yo tenía que aprender flamenco.

16 Ceviche es el plato más rico.

스페인어를 사용하는 중남미 국가 7탄, 우루과이(Uruguay)

▲ 콜로니아(Colonia)

위치 | 남아메리카 남동부

시차 | 12시간 느림(한국 기준)

화폐 | 우루과이 페소(Peso Uruguayo)

인구 | 348만 명

수도 | 몬테비데오(Montevideo)

주요도시 | 라스 피에드라스(Las piedras), 메르세데스(Mercedes), 푼타 델 에스테(Punta del Este)

특징 | 중남미 여행을 계획할 때 아르헨티나로는 여행을 많이 가지만 우루과이 여행은 패스하는 경우가 많습니다. 하지만 아르헨티나의 부게부스(Buquebus) 터미널에서 페리를 타고 강 하나만 건너면 바로 우루과이로 갈 수 있어요. 이번에는 우루과이의 많은 도시 중 작지만 특색 있는 도시, '콜로니아(Colonia)'를 소개해 드릴까 합니다. 유네스코 세계문화유산으로 지정된 콜로니아는 17세기 말부터 포르투갈과 스페인의 전략적 요충지로, 전쟁과 지배가 반복된 곳이었어요. 콜로니아 소도시의 역사지구에서는 잘 보존된 식민지식 건축물들을 볼 수 있고, 아기자기한 골목 사이사이에는 여유롭게 커피 한 잔 즐길 수 있는 노천카페들이 많습니다. 조용하고 평화로운 곳에서 잠시 휴식과 여유를 즐기고 싶다면, 우루과이의 콜로니아에 다녀오시는 걸 추천합니다.